U0681529

年度黑龙江省社会科学学术著作出版资助项目

红色记忆——『八女投江』历史研究

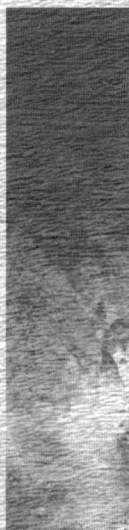

张　磊　著

黑龙江人民出版社

图书在版编目(CIP)数据

红色记忆:"八女投江"历史研究 / 张磊著. —哈尔滨:
黑龙江人民出版社,2018.9
ISBN 978 - 7 - 207 - 11520 - 1

Ⅰ.①红… Ⅱ.①张… Ⅲ.①东北抗日联军—女烈士—生
平事迹—中国—现代 Ⅳ.①K827.6

中国版本图书馆 CIP 数据核字(2018)第 221813 号

责任编辑:李智新
封面设计:佟 玉

红色记忆
——"八女投江"历史研究
张 磊 著

出版发行	黑龙江人民出版社	
地 址	哈尔滨市南岗区宣庆小区 1 号楼	
邮 编	150008	
网 址	www. longpress. com	
电子邮箱	hljrmcbs@ yeah. net	
印 刷	涞水建良印刷有限公司	
开 本	787×1092 1/16	
印 张	10.5	
字 数	200 千字	
版 次	2018 年 9 月第 1 版 2021 年 6 月第 2 次印刷	
书 号	ISBN 978 - 7 - 207 - 11520 - 1	
定 价	38.00 元	

目　　录

引言　牡丹江岸,烈女标芳

"天大的房子,地大的炕,野菜树皮是食粮,火是生命,森林是家乡。"这是我最早对东北抗联的认识。

作为成长、读书和军旅生涯都生活在东北的"土著",从小就会唱《松花江上》,"我的家在东北松花江上,那里有森林煤矿,还有那满山遍野的大豆高粱。我的家在东北松花江上,那里有我的同胞,还有那衰老的爹娘。九一八,九一八,从那个悲惨的时候!……"

仅有不到半年的时间,国土沦陷、山河破碎……不甘屈辱和奴役的中华儿女揭竿而起,用他们自己的血肉之躯做薪,点燃了关东抗日的燎原之火。他们组成东北抗日义勇军、东北人民革命军、东北抗日联军等一支支抗日武装,在白山黑水间,同侵略者展开了殊死的搏斗。

锦瑟青春荐轩辕,丹心碧血祭关东。正是东北抗日志士,他们以几万的武装力量,在长达14年的艰苦卓绝抗战中,拖住了几十万日本关东军,书写了千古传奇,建立了不朽的功勋。

对于每一个中国人而言,20世纪30年代初开始的那场长达14年的抵抗日本侵略者的战争,不管时间怎样流逝,都是心底挥之不去的记忆。

我到了武警部队后,从事了一段部队宣传报道工作,读了很多抗战英雄的事迹,但仅粗略知道八女投江故事的梗概,对整个故事的细节及前因后果所知不详。

2004年8月,我第一次来到牡丹江市。在牡丹江畔,见到了八女投江雕塑——它矗立在沿江公园的广场上。抗联女战士冷云和她的战友面朝东方,每天为这座鲜血侵染过的城市,迎接灿烂的朝霞。2017年3月,我又来到牡丹江师范学院挂职工作,到牡丹江后便匆忙赶到江边,再次瞻仰这座为英雄矗立的丰碑。

从部队转业回来后,总想着要把这段军史深入研究。而后,我又读了中共党史专业的研究生,并在2014年开始从事东北14年抗战史研究,几年来大量的史料查阅和文献阅读,使我对东北抗战有了更深入的认识。点滴的积累,使我在纪念抗战胜利暨世界反法西斯战争胜利70周年——2015年成功申报下了黑龙江省哲学社会科学项目"中共满洲省委在东北抗战中的作用及历史贡献研究"、中共黑龙江省委党校(黑龙江省行政学院)重点项目"东北抗联在全国抗战中的作用与抗联精神研究"。

此后,我将学术研究的方向定位东北抗战史与中国共产党革命精神体系研究,得到了全国党史学界业内同事们的认可和支持。

2016年3月,我在中国延安干部学院学习期间,有幸结识了中共吉林省委党校丁卫平教授,从丁教授的口中得知,她正在做一个关于中国妇女与全民族抗战的国家社科项目,深入浅出的交谈,让我对女性群体在抗战中的形象有了直观的认识。2017年6月在辽宁省本溪东北抗联史实陈列馆组织召开的学术研讨会上,又认识了抗联老战士李桂兰的女儿刘颖,刘阿姨送给我她的新著《东北抗联女兵》,通读全书后,让我对抗战中女性群体的侠骨柔情、自强不息、勇赴国难的爱国情操深深感动不已。

近五年我先后踏查走访了东北三省的多处抗联活动的遗址,如黑龙江省萝北县赵尚志将军渡江地、绥棱县白马石和张家湾、通北林业局南北河林场冰趟子战迹地、五大连池朝阳山抗联密营遗址、兴隆林业局鸡冠山抗联密营遗址群、黑河市黑河学院崔继舟创建的中苏抗战历史纪念馆、孙吴县日军官邸旧址、伊春市金山屯林业局抗联遗址、双鸭山市七星峰抗联密营遗址、佳木斯市汤原县抗联密营遗址,佳木斯市桦川县、桦南县、富锦市、同江市抗战遗址,牡丹江市林口县"八女投江"牺牲地、牡丹江市穆棱市抗联密营遗址、宁安市墙缝战役遗址、绥芬河市曹立明创建的和平纪念馆及东宁市东宁要塞、贾君泰创建的九三抗战纪念馆等地。吉林省的白山市、通化市、磐石市、敦化市、延吉市、靖宇县和柳河县等抗联遗址遗迹,辽宁省朝阳市、抚顺市和本溪市等抗联活动遗址。我还数次到过东北烈士纪念馆和东北抗联博物馆、伪满皇宫博物院、九·一八历史博物馆、中共满洲省委旧址和东北抗联史实陈列馆。走访当中,我认真看、认真记,体会着抗战英烈的丰功伟绩。

曾经我手捧一束黄色的菊花,站在朝阳市赵尚志烈士陵园,泪洒英雄的故土。

起来!

不愿做奴隶的人们!

把我们的血肉,

筑成我们新的长城!

中华民族到了最危险的时候,

每个人被迫发出最后的吼声。

起来! 起来! 起来!

我们万众一心,

冒着敌人的炮火前进!

冒着敌人的炮火前进! 前进! 前进! 进!

国歌表达了中华民族在 14 年浴血抗战中的共同心声。一切不愿做亡国奴的中华儿女,唱着这支高昂的战歌,奔赴抗日前线,同日本侵略者进行了不屈不挠的英勇斗争。

这场 14 年的浴血抗战,是在中国共产党倡导的抗日民族统一战线的旗帜下,以国共两党合作为基础,工农商学兵各界各族人民、各民主党派、各抗日团体、社会各阶层爱国人士和海外侨胞广泛参加的一场全民族抗御日本侵略者的战争。国共合作的实现,是全民族抗战得以实现的关键。全国各族人民的同仇敌忾、团结一致,是抗日战争能够坚持和取得胜利的雄厚基础。

这场 14 年的浴血抗战,是在中国国民党领导的正面战场和中国共产党领导的敌后战场的相互配合下进行的。正面战场是抗日战争的重要战场,特别是在战争初期,正面战场上的国民党军队组织了 22 次大会战,抗击了大部分日本侵略军。但随着抗战相持阶段的到来,中国共产党领导的敌后战场发挥了越来越大的作用,成为抗日战争的中流砥柱。两个战场的配合后来虽然是战略上的配合,但都是抗日战争不可缺少的部分,它们共同形成了对日作战的中国战场。

东北抗日联军是中国共产党领导的东北各族人民的抗日武装。这支抗日武装长期孤悬敌后,在极其艰难困苦的环境中与强大的日本侵略者进行了长达14年之久的斗争,直至抗战最后胜利。这是一支在中国抗战中坚持抗战时间最久的军队。东北抗联的斗争,与红军长征、赣南三年游击战一同被赞誉为中国革命史上的"三大艰苦"。世界上很少有一支军队,像东北抗联那样,主要创建者和领导人大半战死;也很少有一支军队,像东北抗联那样,无论指挥员还是普通士兵,在十多年的时间里时刻面临着被饿死、冻死和战死的威胁。在战争中,杨靖宇、赵尚志、赵一曼、"八女投江"等无数抗日英雄为驱逐日本侵略者而壮烈殉国。然而,就是在这样险恶的环境下,他们却创造了大批歼敌,牵制日军迟迟不能入关的奇迹。

抗联是悲壮的,悲壮到抗战胜利前夕,已不足千余人。亲历者钟子云曾经这样感慨:东北抗日联军将士们所遭遇的苦痛,很难尽数。在14年的奋斗过程中,孤悬东北,毫无支援,不仅受到了敌人军事上的进攻,而最残酷的是敌人在政治上的压迫,实施经济封锁,厉行所谓民"匪"分离归屯政策。因此,在南满、东满及北满各地组织了大量集团部落,使我军无法与人民联络,而完全陷于苦境。抗联将士们的鲜血溅遍了嫩江、黑龙江、松花江和牡丹江的洪流。枯骨遗骸满布了长白山、摩天岭、兴安岭的峰峦,及黑龙江、松花江两岸的平原上。虽然这些民族英雄,先后牺牲了,但他们的后继者并未动摇,一直继承了他们这种伟大而光荣的民族解放事业。到了抗日战争胜利的今日,这就是对这些死难英雄的一点安慰。在14年苦斗中,不仅手执武器的将士们,把他们的鲜血洒遍了民族革命战场,而许多手无寸铁的广大民众,因帮助和同情抗日部队,而被敌残杀的数目不止千百倍于武装抗日将士,其中包含着男女老少,市农工商,穷富贵贱,所有东北各界的同胞。

古今中外,战争从未让女人走开。在这场战争中,我们还不应该遗忘一个群体,就是在东北抗战中的女战士们。她们和男战士一样吃草根、啃树皮,与日本侵略军殊死搏斗。她们既是战争的受害者,又是战争直接或间接的参与者,尽管战争所代表的暴力、血腥和死亡与美丽多情、温柔善良等女人带给这个世界的美好那么格格不入。由于战争环境的险恶,抗联女战士的牺牲极为惨烈,大批抗联女英雄阵亡在战场上。

在黑龙江省林口县刁翎镇的乌斯浑河与牡丹江交汇处,耸立着一座4米多高的大理石纪念碑。纪念碑的正面刻着"八女英魂,光照千秋"的碑文,在碑骨上刻着这样的文字：

八女投江殉难地地志铭

东北抗日联军第五军在指导员冷云同志率领下有杨贵珍、安顺福、胡秀芝、郭桂琴、黄桂清、王惠民、李凤善等八位女战士于一九三八年十月在此地与日寇英勇作战投江殉国、为缅怀先烈教育后代特立此碑以志纪念。

中共林口县委、林口县人民政府

每年都有大量的人民群众和青少年在清明节时来这里为八位女战士扫墓，并参观为她们修建的纪念场馆和遗址。

《八女投江》电影文学剧本卷首语这样写道：用女人的眼睛看待战争，战争比什么都恐怖。用男人的眼睛看待战争中的女人，女人比什么都伟大。中国东北的良家妇女在日本帝国主义强加给她们的战争中，迫不得已而参加抗联，承担了不堪忍受的重负，为抗日战争的胜利作出了极大的牺牲，因而尤其伟大……

"八女投江"纪念碑

东北抗联鼎盛时期女兵有七八百人，1945 年东北光复后，在苏联整训的女兵，仅有三四十人回到了祖国，大部分女兵浴血战场，生命逝去。

我们永远也不应忘记——在血刃敌寇、金鼓连天的岁月里，在抗联部队那片英雄的瀚海中，永远澎湃着抗联女兵们的激情与豪迈浪花。当我又一次站在牡丹江畔，仰望"八女投江"雕像群，我在想：八女投江时，最大的冷云和安顺福23 岁，最小的王惠民 13 岁，平均年龄还不到 20 岁，正是现在的孩子小学六年级到大学刚毕业的阶段。

青春正好，生如鲜花，却在战火中凋零，湮没于乌斯浑河滔滔水波。……那一刻,流黛的苍山悲鸣,磅礴的秀水呜咽。

她们的生命在悲壮中灿烂定格,她们年轻美丽的面容永远铭记在历史中,她们不屈的身姿铸成了永远的丰碑!

此时,我又想起那个朝阳初升的早晨,秋风瑟瑟,山岗下的枪炮声渐渐平息,阳光映红了水面,和烈士的鲜血融在一起,八个美丽的女子披着圣洁的霞光,慨然身赴急流,魂归家乡山河!

她们得到了永生!

1959年周保中在为《英雄的姐妹》(徐云卿著)一书所作的序言中曾讲过:

> 妇女同志的坚韧奋发,吃苦耐劳,经得起残酷考验的表现,也是很出色的。在那游击战争处于挫折和艰难的岁月里,我们的游击战士,除了作战伤亡外,还有饿死的,冻死的。在基干部队里也有个别人逃亡叛变的。每个战士的身上负荷是很重的,除了携带枪械弹药,还得背上自己的给养、预备服装、小帐篷、小火炉、锹、镐、斧、锯和炊具等等。妇女同志除上述东西外,还要携带药包、尺、剪、补衣碎步和针线。如果男同志背包重四十公斤到五十公斤的话,女队员就要多加五斤到十斤。因此,在穷年累月不断的行军作战中,就是铁汉子也有不堪苦累而死的。然而妇女却没有一个害怕苦累的,更没有逃亡叛变的。

1945年,抗联名将冯仲云在向党中央移交东北党组织关系时,他边整理花名册边流泪,深情地说:"那时他们不屈不挠的精神,曾安慰了以往为抗日救国而牺牲了的地下先烈。他们何尝不在那个时候怀念着父母妻子?何尝不想到自己的生命可贵?但那个伟大而重要的任务是担在了他们的身上,为了大众的解放,全民族的更生,这个高尚的思想竟整个地操纵了他们的精神主宰,他们受尽了饥、渴、风霜之苦,而方盼到今天这颗胜利的果实。但是可惜,有的竟没有亲眼看见祖国的光复,未能亲眼看见盘踞在这14年的倭寇离开这块土地。甚至于他们死了,连个名也未曾被人得知……"

以国家以民族名义的纪念、祭祀活动,是国家的礼制、礼仪的重要内容。1949年,中国人民政治协商会议第一届全体会议决定,在首都北京建立人民英雄纪念碑,并在天安门广场举行了建立纪念碑奠基典礼。65年后的2014年8月31日,十二届全国人大常委会第十次会议经表决,通过了《关于烈士纪念日的决定(草案)》,以法律形式将9月30日设立为烈士纪念日并规定每年9月30日国家举行纪念烈士活动。

2018年10月20日,是东北抗联的八位女战士殉国80周年,我们纪念她们,缅怀她们的丰功伟绩,是对历史的敬重,更是对过去逝去的先烈最好的怀念。不忘初心,牢记使命,传承伟大的抗战精神以开创美好的未来。

八位女战士光辉形象,与日月同辉,光照千秋!

第一章 侵略与反抗

一、九一八事变爆发

黑龙江、吉林、辽宁,地处中国东北部,通称东三省。东三省地大物博,在日本帝国主义入侵前,总面积130余万平方公里,人口近3000万。境内群山绵连,江河交错,森林茂密,矿藏丰富。辽阔、肥沃的松辽平原盛产大豆、高粱、玉米、小麦、水稻和各种经济作物。长达2000余公里的海岸线,不仅盛产鱼、盐,而且又是天然良港广通舟楫之利。东北各族人民自古以来就在这块丰腴的土地上生息、繁衍,用勤劳的双手和聪睿的智慧营造着家园。1868年日本明治维新后,伴随着近代化步伐的加快,日本开始走向对外侵略扩张的道路,逐步推行以灭亡中国、吞并亚洲、称雄世界为战略的"大陆政策",并于19世纪90年代初期进一步确立了该政策。在此期间,日本认为对外扩张的假想敌"不是英国、不是法国,亦不是俄国,而是邻邦清国",因此,日本对中国"兵备之急,尤(犹)如渴饮饥食"。在此情况下,日本继占领琉球后,立即西侵朝鲜,于1894年发动了旨在吞并朝鲜、掠夺中国辽东等地的中日甲午战争。

中日甲午战争后,使得日本获得巨大的利益,其军国主义得到进一步发展,军力侵略欲望也进一步膨胀。1904年2月,在英、美和法、德等国的煽动下,俄国与日本在东北土地上爆发了日俄战争。日俄战争以俄国的战败而告终,此后,日本夺取了沙俄在旅顺、大连的租借地和中东铁路支线南满铁路(长春至大连)的路权。

日俄战争后,日本帝国主义继续在中国东北巩固和扩张殖民统治,为发动更大规模的侵略战争创造条件。日本占据旅大租借地之后,仍沿用沙俄统治时期名称,将其称为"关东州"。因为同以前占领者沙俄一样,在日本侵略者的眼中"所谓'关东'是指山海关以东的全满洲而言"。日本将旅大地区继续称为"关东州"的用意是在于攫取全东北。旅大租借地,沙俄与中国订约租期为 25 年;而日本从俄国手中取得租借地后将租期延长至 99 年。日本政府为加强对租借地及整个"满蒙"的侵略统治,从 1906 年开始,先后建立了"关东厅""关东军司令部"和"南满洲铁道株式会社"等三个侵略机构。

20 世纪 20 年代,日本加紧了对中国的侵略扩张。1927 年 6 月 27 日至 7 月 7 日,日本内阁首相兼外相田中义一主持内阁召开了以研究对华政策为中心的"东方会议",进一步制定了对华侵略、特别是对中国东北侵略的新政策。会后,田中义一根据会议内容起草了一份奏折,即臭名昭著的《田中奏折》,于 1927 年 7 月 25 日呈送昭和天皇,指出:"惟欲征服支那,必先征服满蒙;如欲征服世界,必先征服支那。""大和民族之欲步武于亚细亚大陆者,握执满蒙利权,乃其第一大关键也。"之后,为了加快实施侵略计划的步骤,日本又于同年 8 月 15 日至 21 日在中国旅顺秘密召开了第二次"东方会议"及其确立的"满蒙积极政策",使日本的"大陆政策"变为具体的战略计划和对外扩张的实际步骤,将日本的对外侵略路线推进到一个新的阶段。

1929 年,爆发了世界性经济危机。这场经济危机也给日本以沉重的打击。为了摆脱严重的经济危机造成的困境,日本帝国主义加强对国内工农劳苦大众的剥削。同时,在中国,由日本人经营的企业也不顾工人死活,极尽盘剥压榨之能事。它们还在铁路沿线和城市近郊强占民田。日本军警不断制造枪杀、殴打中国民众的事件。日本帝国主义的野蛮暴行,激起民众的反抗。从 1929 年到 1931 年,仅在南满地区的抚顺、沈阳、辽阳一带就出现 20 多次民众抗议和工人罢工。东北张学良政权改旗易帜后采取的抵制日本势力的措施和工农大众的反抗斗争,及日本国内经济危机引起的阶级矛盾,使得日本帝国主义加快了发动侵略中国东北战争的步伐。

1931 年 7 月,在长春市西北的万宝山,日本挑起了中国农民和朝鲜移民的水利纠纷,日本领事馆的警察开枪伤害中国农民多人。同时,在日方的煽动下,朝鲜国内发生了大规模的排华事件,一周内有 109 名华侨遇害,数千人受伤。日本政府乘机大造侵华舆论,加紧准备武装占领中国。

此时,日本参谋本部的军事间谍中村震太郎大尉及其随从 4 人,携带军用地图、测图仪器等,到东北的大兴安岭地区葛根庙一带探测地形,搜集军事情报,被东北屯垦军捕杀。日本侵略者以此事件为借口,叫嚣"以武力解决悬案"。他们一面调集大量军队到南满各车站,并调驻朝鲜日军到中朝边境的新义州、会宁等地集结,一面唆使在中国东北的日侨在乡军人会采取行动,准备占领中国的东北和内蒙古地区。驻扎在中国东北的日本关东军也从9月14日起在沈阳北郊中国驻军东北军的营地富锦举行夜间实弹演习,加紧进行侵华战争的准备。

根据日本关东军精心策划的发动事变的方案,1931年9月18日夜,日军独立守备队第二大队第三中队工兵中尉河本末守率领6名士兵,携带炸药,以巡视铁路为名来到沈阳城郊柳条湖附近南满铁路线上预先选定的爆炸点。实施爆炸后,河本末守用电话向关东军高级参谋、大佐板垣征四郎报告,诬蔑北大营中国士兵炸毁铁路,正在激战中。板垣征四郎得到报告后,立即以关东军代理司令官、先遣参谋的名义发布了进攻北大营和沈阳城的命令。一夜之间,沈阳全城沦陷。

由于南京国民政府的不抵抗政策,近20万东北军不战而退,大片国土相继沦陷。继沈阳、长春、吉林等地沦陷后,日军于1931年11月突破黑龙江省中国驻军嫩江桥防线,11月19日占领黑龙江省会齐齐哈尔。然后又集中兵力在辽西的北(平)宁(沈阳)路沿线发动进攻,1932年1月3日占领锦州,控制了北(平)宁(沈阳)路关外段。1932年1月末,日军迅速调兵北上。2月5日,多门二郎所率日军第二师团占领北满最大城市哈尔滨。至此,在九一八事变发生后的4个月零18天的时间里,整个东北三省130余万平方公里的大好河山沦为日寇占领地。

日本侵略者在进占东北的过程中,烧杀抢掠、无恶不作,数以万计的中国军民被屠杀。事变中中国官方损失达178亿元,仅沈阳兵工厂就损失步枪15万支,手枪6万支,重炮、野战炮250门,各种子弹300多万发,炮弹10万发。东三省航空处积存的300多架飞机全部被日军掠去,金库所存现金7000万元被洗劫一空。

二、奋起抵抗

抗日战争爆发后,在中国共产党的领导下,为了国家的独立与民族的解放,东北人民和东北抗日联军与日本侵略者展开了艰苦卓绝的斗争,无数先烈前仆后继,舍生忘死,掀开了中国东北抗战的序幕。东北抗日联军是中国共产党创建最早、坚持抗日时间最长的一支人民抗日军队。其活动的各东北抗日游击根据地后发展为东北敌后战场,与八路军、新四军、华南人民抗日游击队分别所在的华北、华中、华南敌后战场并称为"四大敌后战场"。

九一八事变后,不愿做奴隶的各阶层人士,纷纷高举义旗,拿起土炮、洋枪、大刀、长矛,掀起了汹涌澎湃的反侵略反压迫的武装斗争浪潮。在白山黑水之间,遍地燃起民族解放战争的抗日烽火;从城市到乡村,到处发出打倒日本帝国主义的吼声。各种抗日武装如游击队、义勇军、红枪会、大刀会、山林队等像雨后春笋般纷纷出现。起初,进行武装抗日的力量主要是东北军,在东北军的抗日活动失败后,则主要是由东北军部分爱国官兵和各阶层人民组成的义勇军,此外还有中国共产党领导的游击队。义勇军如燎原野火,发展迅猛,但无统一指挥,各不相属,各自为战,名称不一。其武装成分也比较复杂,其中农民约占50%;原东北的军警官兵约占25%,曾当过绿林土匪的约占20%,知识分子和工人、商人、绅士、地主约占5%,他们是这一时期东北抗击日本侵略者主要力量。

东北抗日联军的前身是东北抗日义勇军余部、东北反日游击队和东北人民革命军。在中国共产党倡导的抗日主张和广大人民群众的抗日高潮推动下,由东北各阶层民众和东北军部分爱国官兵组织起来的东北抗日义勇军成为最早奋起反抗日本帝国主义的先驱,其发展之迅猛,参加阶层之广泛,在东北历史上是前所未有的。1932年初,在中国共产党的直接领导下,南满、东满、吉东、北满地区建立了十几支抗日游击队,积极配合了东北抗日义勇军的对日作战。到1933年,在中国共产党领导下相继建立了巴彦游击队、南满游击队、海龙游击队、东满游击队、宁安游击队、汤原游击队、海伦游击队,随后又建立了饶河、珠河等游击队。此外,还掌握了抗日救国游击军等数支武装。这些游击队经过一年多的艰苦战斗,打退了日伪军对南满、东满等游击区的多次进攻,攻占了东宁、安图等县城,进行了团山子、八棵树、马家大屯、二道河子、杨木林子等上百次战斗,消灭日伪军一千多人。

由于受到国民党政府反对和限制及其自身存在的弱点,在日军全面进攻下,至1933年春,东北抗日义勇军纷纷溃败,抗日游击队则在中国共产党的领导下继续开展抗日游击战争。

1933年9月至1936年1月,抗日游击队相继改编为东北人民革命军、东北抗日同盟军和东北反日联合军,至1936年,又统一整编为东北抗日联军。1936年2月至1937年底,东北抗日联军发展到11个军,在鼎盛时期达到3万余人。其中,东北抗日联军第一军、第二军、第三军、第六军、第七军是在抗日游击队的基础上建立的,东北抗日联军第四军、第五军是在吉林国民救国军的基础上改编而成的,东北抗日联军第八军、第九军、第十军、第十一军是在抗日义勇军余部和反日山林队的基础上建立的。东北抗日联军成立后,开辟了东满、南满、吉东、北满四大游击区,在南起长白山、北抵小兴安岭、东起乌苏里江、西至辽河东岸的广大地区开展游击战争,同日伪军进行了大小几千次的战斗,粉碎了日伪军的多次"讨伐"。1938年至1940年,东北抗日联军进入极端艰苦的斗争阶段,遭受了严重挫折。部队经过缩编,开展小型游击战争,保存了一部分骨干力量。进入苏联境内整训后,东北抗日联军改编为东北抗日联军教导旅,并不断回到中国东北继续对日伪军进行小规模战斗。1945年8月,在苏联整训的东北抗日联军将士配合苏联军队出兵中国东北,做出了重要的历史贡献。

在国破家亡的紧急关头,许多女性挣脱封建礼教的桎梏和"三从四德"的枷锁,投身到抗击日本侵略者的斗争中,并为此献出了宝贵的生命。1938年秋,以冷云为首的八位抗联女战士,为掩护抗联西征部队突围,在弹尽援绝的情况下,集体投江殉国。抗日战争中,中国女性所付出的牺牲,由"八女投江"作出了最凝练的升华。她们的名字是:冷云、杨贵珍、胡秀芝、安顺福、郭桂琴、黄桂清、李凤善、王惠民。她们当中最大的23岁,最小的年仅13岁。她们是英勇抗击日本侵略者的巾帼英雄,是中华儿女与侵略者血战到底、决不屈服的光辉典范。

三、法西斯统治

1935年5月,发生了日本侵略华北和国民党政府丧权辱国的华北事变,中华民族面临的危机空前严重。日本帝国主义强迫南京国民政府签订《塘沽协定》后,加紧对华北的侵略活动。1935年5月,日本借口中方破坏《塘沽协定》,无理要求中国军政机构退出冀察两省。6月9日,日本中国驻屯军司令官梅津美治郎发出致国民政府军事委员会华北军分会代理委员长何应钦的《备忘录》,列出何应钦口头答复过的日本提出的12项条件,要求以文字形式签署正式的协议。何应钦于7月6日复函表示6月9日所提各事均承诺之。梅津美治郎的《备忘录》与何应钦的书面复函,内称为《何梅协定》。《何梅协定》迫使国民政府统一取消河北省与平津两市的国民党党部,撤退驻河北省的中央军、东北军和宪兵第三团,撤换河北省主席和北平、天津市长,禁止抗日活动等条件。6月27日,日军又迫使察哈尔省代主席秦德纯与日本关东军特务机关长土肥原贤二签订《秦土协定》。国民党军和党部撤出察哈尔省,解散抗日机关和团体,成立察东非武装区。至此,日本攫取了冀、察两省的大部分主权。

10月,日本开始谋划策动"华北五省自治运动"。日方要求成立华北自治政府,否则兵取河北和山东。10月25日,日本唆使汉奸殷汝耕在河北通县(今北京市通州区)成立"冀东防共自治政府",宣城冀东等22个县脱离中国政府管辖,实行"自治"。后日本人又扶持民族败类内蒙古苏尼特右旗王爷德穆楚克组织"蒙古地方自治政务委员会",即所谓的"内蒙自治政府"。国民政府一再妥协退让,于11月撤销了北平军分会,改设冀、察绥靖公署。12月,在北平设立了冀察政务委员会,开始实行华北特殊化。通过华北事变,日本帝国主义轻而易举地控制了华北大部分地区,并加紧其军事侵略、政治渗透和经济扩张,使中华民族陷入到了空前严重的民族危机中。

(一)日本对东北经济的控制与掠夺

日本通过军事强占、托管经营和"谈判"签约等手段,攫取了除中东铁路外的中国东北所有铁路的经营权以及新铁路的修筑权。1935年3月23日,日本操纵下的伪满政府与苏联签订了关于转让中东铁路的协定,日本实际上获得了中东铁路及其附属财产。同年底,"满铁"接管了中东铁路经营与新建项目的所有业务,全部垄断了中国东北的铁路交通。伴随军事进攻的推进,日本的金融资本迅速涌入中国东北,并且也进一步强控了东北的金融机构。

为加速战争机器的运转,日本还大肆掠夺中国东北的工业资源,并将重点放在钢铁、煤炭、石油等战略物资上。日本早就以"中日合办"为名义,将垄断资本注入中国东北本溪以及鞍山的铁矿与冶炼工矿企业。"满铁"还在鞍山设立了昭和制钢所,从中国东北掠夺钢铁的数量在急剧增长。这些大量被掠夺的钢铁一部分用于在当地制造武器,更多则被运送到日本用于战争储备。据统计,1931年至1934年,日本从中国东北掠夺生铁总数为24.2万吨、32.2万吨、45.3万吨和40.9万吨,分别占日本生铁进口总数的70%左右。在煤炭方面,早在日俄战争后,日本就陆续强行取得了中国东北煤矿矿权以及开采权,一直处于垄断地位。1931年后,日本对煤炭的掠夺进一步升级。"满铁"除扩大抚顺煤矿外,还兼并了蛟河煤矿,取得了老头沟等煤矿的开采权。1934年5月,日本"满洲煤炭股份公司"(简称"满炭")成立。"满铁"与"满炭"两大公司实际上垄断了整个东北的煤炭,前者统辖抚顺等28处煤矿,后者控制阜新、西安(今辽源)、鹤岗等12处煤矿,开采的大量煤炭均被源源不断送往日本。仅1935年,日本从中国东北掠夺的煤炭就有1 127万余吨。在石油资源方面,1931年以前,"满铁"就已在抚顺炼制页岩油。在日军占领东北后,迅速扩建炼油厂,全面掠夺中国东北的天然石油、页岩油和人造石油。1931年,中国东北生产粗油6.3万吨,1935年提升至14万余吨。此外,日本还垄断了中国东北的金矿、铝矿等矿业以及电力工业,疯狂榨取利润,并通过日本"满洲盐业股份有限公司"垄断了中国东北的盐业生产,每年向日本大量输送海盐。

日本对中国东北农业资源的掠夺首先表现在移民侵略、强占农村土地上。1933年3月至1936年7月,日本5次向中国东北农村实施武装移民,约2 900户,7 296人。随后,日本内阁拟定了《满洲农业移民百万户移住计划》草案,形成了《日本移民土地使用整备纲要》,制定了20年移民100万户的目标,即从1937年起,每5年为一期,直至目标完成,移民霸占的土地占中国东北可耕地面积的1/3。在移民过程中,日本以其及其低廉的价格或其他非正常手段收买甚至霸占土地,使大量中国东北农民被迫失去土地,沦为日本移民或伪移民公司的佃户,惨遭剥削和奴役,受到了非人的折磨。其次,日本大肆掠夺农产品,不断增加赋税。1931年后,日本垄断资本"三井物产"和"三菱商事"等以压低价格等手段掠夺中国东北粮食,尤其是大豆和玉米,运送到日本乃至销往世界各地,牟取暴利。同时,设立了名目繁多的赋税,并且发行了大量的公债,强迫中国民众购买。此外,日本在东北还推行鸦片政策,诱使中国东北民众种植鸦片,以收敛大量财富,毒害广大民众,致使烟毒泛滥,吸毒者与日俱增。据统计,鸦片的销量,1933年为120万两,1937年则增至1230万两;鸦片的收入1933年为550万元(法币),1937年则达到4780万元(法币);吸毒人数,1933年为5.6万人,1937年则增加到81.1万人,增长幅度为原来的14倍。1938年2月,日伪当局开始实施《满洲产业开发五年计划纲要》,大幅度提高生铁、钢材、煤炭、液化油等生产指标,疯狂掠夺战略物资资源,把东北经济拖上为其侵略战争服务的轨道。

到了1939年,日本侵略者为巩固东北军事基地,并妄图北进攻击苏联,抛出一个所谓《北边振兴三年计划》。该计划总预算10亿元,用以在伪三江、东安(今密山)、北安、黑河、牡丹江、兴安等省实施国防建设工程,修筑交通通信、军事要塞等工程设施。《北边振兴三年计划》的实施,仅伪三江省就有3万余劳工被强迫从事繁重劳役,因劳累、疾病、冻死者不计其数。特别是在边境地区从事军事要塞修筑的劳工,在工程竣工时,日伪当局为了保守秘密,将其集体屠杀或秘密处死。日本侵略者惨无人道的反动统治,使东北各族人民陷入苦难的人间地狱。

七七事变后,日伪军垄断了农产品的购销,1938年8月出台了《米谷管理制度纲要》,之后又相继颁发了《米谷管理法》和《满洲粮谷股份公司法》,正式将稻米、高粱、谷子、大豆等农作物的产、销、加工、运输纳入伪政府部门。为防止粮食流入抗日武装手中,日伪军强制农民如数缴粮,严禁私藏买卖,一经查知,严加处罚。日伪军甚至制定了《经济化条例》,在抗日游击区附近城镇实行物资专卖,将棉花、布匹、食盐、药品等归为"特殊物品"严加管制,并对居民的生活必需品一律实行配给制,隔断抗联军需品的来源。但凡发现资助、供应东北抗联军队或为其代购者,一律以"通匪"罪处置。

(二)日本对东北文化的摧残与奴化教育的推行

日本在东北的土地上通过推行奴化教育和法西斯文化专制,企图销蚀东北民众的民族意识和抗日斗志,巩固其殖民统治。伪满成立后,在关东军的授权下建立了资政局弘法处,统管思想文化。1933年,又废除资政局,在伪国务院内增设情报处,控制新闻、出版等宣传舆论。1937年,情报处又扩大为弘报处,统辖伪满洲国内的文化宣传。同时,日本关东军司令部设报道部和调查部,负责文化宣传和殖民思想统治。

九一八事变后,日本关东军首先控制了中国东北的新闻、广播、出版、电影等宣传工具和各种教育、文化机构,并对一切文化宣传事业实行集中垄断,各种文艺团体均由日本人把持。1932年,溥仪就任"执政"以后,下令禁止中国东北悬挂中国地图、禁止使用"中华"字样、禁止使用中国教材等。1932年10月,伪《出版法》出台,严禁出版任何危及日伪军统治的报刊读物,具有反日倾向的出版物一律查封。据伪文教部统计,仅1932年3月至7月,中国东北焚书就达650余万册。1934年6月29日,伪民政部颁布第五号通令,严禁苏联《真理报》《消息报》以及中国国内出版发行的《大公报》《申报》等36种报刊在中国东北传播。据1940年伪《满洲年鉴》记载,"1934年至1937年,伪满政权查禁杂志2 315种,扣押13 664份;查禁普通出版物3 508种,扣押434 852册"。与此同时,日本宣传法西斯主义的书籍甚嚣尘上,仅1936年,日本宣传法西斯的出版物由58.7万册增加到380万册。

日本在东北土地上还实行愚民政策,一再限制中国东北教育的发展。1929年,中国东北有小学1 300余所,学生74.7万人,教师2.4万人。九一八事变后,大量小学关闭,在校学生数量连续5年低于事变前的水平。1933年,学生数量降到50万人,教师减少到1万余人。中学和大专院校的情况也是如此。事变爆发前,大专院校约有30所,事变之后,大专院校几乎全部被查封、关闭,直到1933年才恢复了2所医科大专院校。日本还竭力鼓吹所谓"王道主义"的教育方针,并在为数不多的学校中极力推行奴化教育,废除中国原有的教学秩序、内容和教材,代之以日伪设置的"新学制"以及奴化教育的"新教材",着重灌输奴化思想和封建意识,以培养为日本效命的中顺奴才和奴隶劳役。日本人还利用宗教迷信和封建意识,宣扬殖民文化,摧毁中国东北民众的民族意识,使中国东北民众成为日本的"顺民"。日本投降后,八路军先遣部队进入沈阳,积极宣传政策。张学思、陶铸等领导干部亲自来到南满中学堂向同学们做报告。张学思是张学良的弟弟,抗战后来到延安,在晋察冀、冀中等根据地坚持抗日,此次回到东北家乡,见到家乡的父老,心中感慨万千。报告开始后,张学思问台下同学:"你们是什么人?"结果让他错愕不已,台下的同学竟然齐声回答:"'满洲国'人",毫无犹豫顾及之意。张学思再问"'满洲国'人是什么人?"学生居然理直气壮告诉他,这里就是"满洲国","满洲国"的人就是"满洲国人"。东北14年的沦陷,居然让这些年轻一代完全忘记了自己的中国人身份。当年的学生事后回忆,1945年8月15日当天,日本老师告诉他们"大东亚战争"结束的时候,他们还一心相信,一定是日本取得了这场"圣战"的最终胜利,直到苏联红军冲进校园,学生才知道日军惨败。奴化教育的毒害之深,令张学思痛心疾首,当事学生张德伟在事后也回忆"不知有祖国,不知自己祖先,不知自己是什么人"。"至今想起来我仍感痛心和羞耻!"

四、组建成军,奋起抗日

针对日本加紧侵略华北和国民政府在华北丧权辱国的行径,1935年8月1日,中共驻共产国际代表团草拟了《中国苏维埃政府、中国共产党中央为抗日救国告全体同胞书》(即《八一宣言》)。10 月 1 日正式以中华苏维埃共和国中央政府和中国共产党中央委员会的名义发表。《宣言》指出:"我国家我民族已处在千钧一发的生死关头。抗日则生,不抗日则死,抗日救国,已成为每个同胞神圣天职!"呼吁全国"停止内战,以便集中一切国力(人力、物力、财力、武力等)去为抗日救国的神圣事业而奋斗";并提出了组织国防政府和抗日联军的主张。《宣言》热情歌颂了各种抗日武装及许许多多爱国志士所进行的英勇斗争,并特别指出:"尤其是我东北数十万武装反日战士在杨靖宇、赵尚志、王德泰、李延禄、周保中等民族英雄领导之下,前仆后继的英勇作战,都表现我民族救亡图存的伟大精神,都证明我民族抗日救国的必然胜利。"《宣言》最后提出了抗日救国十大纲领。同年 10 月,中央红军长征胜利到达陕北。11 月 13 日,中共中央发表了《为日本帝国主义并吞华北和蒋介石出卖华北出卖中国宣言》,提出中国红军愿同"一切抗日反蒋的中国人民与武装队伍"联合起来反对日本帝国主义。28 日又发表了和《八一宣言》内容基本相同的《抗日救国宣言》。《八一宣言》的发表和红军长征的胜利及随后爆发的一·二九运动,鼓舞了全国人民的抗日斗志,推动了抗日救国运动的蓬勃发展。1936 年 2 月 20 日,红军兵分两路渡过黄河,欲经山西、绥远,准备直接与日本侵略者作战。东征红军进展顺利,取得了重大军事胜利,也推动了华北及全国抗日斗争,特别是在东北引起巨大的反响。东北抗联各部积极行动起来,准备以相应行动策应红军东征抗日。这是东北抗日联军日后组织西征的主要动机。

身处抗日游击战争前线的东北人民和东北人民革命军指战员,受到了莫大鼓舞。早在 1935 年初,中共驻共产国际代表团接到中共中央关于在东北设立中央代表和上海中央局关于在东北设中央分局及分设几个省委的建议。1935 年 9 月,共产国际七大闭幕后,中共代表团召开了满洲工作第二次会议,研究改组满洲党组织和组建抗日联军等问题。这次会议决定撤销中共满洲省委,成立南满、东满、吉东和松江 4 个省委,以及哈尔滨、奉天(或大连)特委,由中共代表团直接领导。从1935 年冬开始,东北人民革命军各部在中共满洲省委和东北各地党组织的领导下,着手组建抗日联军。根据《八一宣言》提出建立"东北抗日联军"的主张,1935 年 10 月 11 日,杨靖宇、王德泰、赵尚志、李延禄、周保中等人共同发出《东北抗日联军呼吁一致抗日函电》,提议建立全中国的国防政府与全中国的抗日联军。10 月 15 日,中国工农红军总司令兼军事委员会主席朱德,副主席王稼祥发出《关于组织统一的国防政府和抗日联军致东北抗日联军及全国各武装力量各界人士的函电》。提议"在最短时间内召集全国抗日军人大会决定组织抗日联军之具体方案"。10月25日,中共满洲省委在《东北抗日联军组织条例(草案)》的基础上,正式发表《东北抗日联军组织条例》。

1936年1月,中共满洲省委撤销后,东北的党组织和军队失去了统一领导,东北抗日联军总司令部这个统一指挥机构未能建立起来。杨靖宇和赵尚志分别在南满和北满成立的"东北抗日联合军总指挥部"和"东北民众反日联军总司令部",都曾以"东北"为名称,但仍然属于地区性的指挥机关。

1936年初,中共东满特委书记、东北人民革命军第二军政治委员魏拯民在莫斯科参加共产国际七大后返回东北,先后向东、南满党组织传达了共产国际七大上的精神、中共代表团关于撤销满洲省委建立南满、东满、吉东、北满4个省委的指示,以及建立东北抗日联军成立路军的决定。

1936年2月10日,中共驻共产国际代表团以中共中央名义拟定了《为建立全东北抗日联军总司令部决议草案》。决定统一全东北抗日军队的名称,将东北人民革命军改为"东北抗日联军"。2月20日,中共代表团又以东北抗日联军第一至六军军长杨靖宇、王德泰、赵尚志、李延禄、周保中、谢文东具名暨汤原游击队、海伦游击队的名义,发表了《东北抗日联军统一军队建制宣言》,宣布将人民革命军、反日联军、反日游击队一律改成东北抗日联军、抗日游击队。根据这个宣言,在中共东北各省(特)委领导下,自1935年冬到1936年8月,东北人民革命军第一、二、三军,东北抗日同盟军第四军,反日联合军第五军,东北人民革命军第六军相继改编为东北抗日联军第一、二、三、四、五、六军。

对于日本侵略者强化对东北的殖民统治,不断扩大侵略战争的实质,东北党组织对其分析和认识是透彻的。中共吉东省委下江特委扩大会议通过的《中共吉东省委下江特别委员会全体大会决议案》中说:"日本帝国主义法西斯强盗进行侵略战争是为了要吞并全中国,并且它为着挽救其国内危机的加深,企图实现对内整个法西斯专政,对外掌握太平洋霸权,扑灭中国革命,进攻苏联,这就是日贼大陆政策新的内容。日贼为实现其目的所采取的毒辣手段,并不完全限于军事进攻,'多田声明'、'广田三原则'、'儿玉经济使节大纲'这些手段即是军事侵略的补充。总括起来,可分以下五点:(1)一贯的利用中国人杀中国人。(2)分裂中国民族。(3)夺取中国反动的统治阶级压迫劳动群众。(4)经济的、政治的侵略主张,帮助更顺利的军事进攻。(5)组成所谓东方反共统一战线,首先牺牲中国,来做进攻苏联的工具。"决议案指出:"然而事情并不能完全依照日贼主观的打算,'少费工夫,多收实效',逐步中国吞并,仍需日贼最大牺牲。对于中国民族国家方面,过去虽然有许多弱点,但有几个基本条件:中国历史的社会的反日思想,全民抗日救国统一战线运动扩大深入,日本法西斯社会内部状况危机及更大的动摇性,社会主义苏联和平政策有助于中国民族解放战争,国际资本主义矛盾,英美国家为了自己利益对日侵华行动给予某种程度的牵制等。这些决定了我中国民族必以革命战争反抗日寇,争取民族独立自由的最后胜利"①。在吉东和三江地区的抗联部队在党的领导下,积极响应全国抗战,坚持开展抗日游击战争,牢牢牵制敌人兵力,不断打击敌人。

五、配合关内作战

1937 年,当资本主义世界在 1929—1933 年爆发的经济危机创伤尚未平复,新的更严重的经济危机又已来临。德、意、日等法西斯国家早已将国民经济转上战时经济轨道,军事工业和经济实力迅速增长。资本主义国家间的各种矛盾加剧,重新瓜分世界的战争态势难以避免,德、意、日法西斯国家首先走上了战争冒险的道路。同年 7 月 7 日,日本侵略者在北平郊区制造卢沟桥事变,全面抗日战争爆发。7 月 29 日,北平沦陷,30 日天津失守。之后,日军又以 30 万兵力由华北向华中推进。为直接向南京国民政府施加压力,8 月 13 日,又向上海大举进攻,日本帝国主义终于发动了蓄谋已久的全面侵略中国的战争。中国军民奋起抵抗,英勇还击。从此,中华民族进入到了全面的抗日战争阶段。

中国共产党高举抗战的旗帜,号召结成广泛的抗日民族统一战线。经过中国共产党的努力促进,国民政府为日本侵华形势所迫,宣布承认中国共产党的合法地位并实行国共两党合作抗日。从此,中国抗日民族统一战线正式形成,由抗日红军改编的八路军和新四军相继开赴前线,全国抗战出现新局面。

全面抗战爆发后,东北抗日游击战争的战略地位和东北抗日联军的战略任务发生了变化。同时,也极大振奋了东北抗日军民的斗志,东北抗日斗争不再是孤立

---

① 《中共吉东省委下江特别委员会全体大会决议案》(1938 年 1 月 5 日),中央档案馆等编:《东北地区革命历史文件汇集》甲 31,第 294～296 页。

的斗争而成为全国抗战的重要组成部分。日本帝国主义向关内大举进攻,将东北作为它的重要后方基地,关内成为中国反侵略战争的主要战场,东北地区局部抗战成为全国抗日战场的重要组成部分。东北抗日联军的任务即由单独作战改变为袭扰敌人后方,削弱敌人,牵制日军入关,配合关内抗战。毛泽东指出:"东三省的游击战争,在全国抗战未起以前当然不发生配合问题,但抗战起来以后,配合的意义就明显地表现出来了。那里的游击队多打死一个敌兵,多消耗一个敌弹,多牵制一个敌兵使之不能入关南下,就算对整个抗战增加了一分力量。至其给予整个敌军敌国以精神上的不利影响,给予整个我军和人民以精神上的良好影响,也是显而易见的。"

全面抗战爆发后,给东北人民的抗日斗争以极大的鼓舞,在东北地区共产党组织的领导下,东北各地的抗日斗争出现了新局面。但是,由于中共驻共产国际代表团发生变动,并通知即行"停止直接领导满洲党组织",使东北各地党的组织与党中央长期阻隔未能及时恢复联系。因此,东北党的组织和东北抗日联军部队在执行新的作战任务时,是在极其困难及复杂的条件下进行的。

1937年7月25日,东北抗日联军第一路军总司令部发表了《为响应中日大战告东北同胞书》,揭露日本帝国主义鲸吞中国的野心,号召东北人民"应本'天下兴亡,匹夫有责'之原则,乘时蹶起,各地星散的义勇军、抗日军马上参加抗日联军,有组织的、有计划的共杀日寇"。8月20日,又发布了以总司令杨靖宇署名的《东北抗日联军第一路军总司令部布告》,号召东北全体同胞,应在全国总动员之下,"打倒日本帝国主义,推翻傀儡政府'满洲国',为独立自由幸福之中国而奋斗"。抗联一路军积极战斗,各部队驰骋于东、南满地区,密切配合,主动出击,夺取城镇,袭击据点,展开了系列游击战,在一年多时间内进行大小战斗百余次,牵制和打击了日伪军,有力配合了全国抗战,粉碎日伪军"讨伐"阴谋,屡获胜利,东北抗日武装斗争达到高潮。

中共吉东北满临时省委主要领导人认真分析了当时的形势,对时局的走向作出了清晰判断。1937年7月28日,周保中、宋一夫在给王光宇的信中说:"七月七日,日贼因压迫华北革命兵士与民众之反日情绪而向我驻北平近郊之丰台、卢沟桥一带之二十九军(宋哲元部)挑战。冲突扩大,直至十三日尚继续中。我军向日贼反攻,日贼有巨大的死伤,事件冲突是否继续扩大,现尚无充分材料判断。但依整个形势观之,依日贼之倒行逆施,横行无忌,则中国对日贼之总动员作战,随时随地均有可能。"①8 月 28 日,赵尚志、张寿篯在给中共驻共产国际代表团的信中写道:"对于日贼占领平津和侵略察绥、华北各省的实际军事行动,我们曾详细研究与讨论。认为这次战争,无论国民党内部分化到如何程度,和其内部的奸细如何计划出卖华北和分裂联合战线……根据目前中共在群众的影响扩大,全民反日统一战线进步和开展,特别是人民红军站在他独立领导抗日战争的精神,中日战争是不会中止的"②。同时,信中也估计到中日战争的初期,国内抗日力量还不能很快援助东北,随着日本侵略者的残酷镇压,将走向"更加艰苦的阶段"。

而后,吉东、北满党组织,抗日联军和反日团体发表通知和对日抗战书等文告,动员抗联各部和广大民众响应全国抗战的号召,积极投身到伟大的民族解放斗争之中。

中共吉东省委于 1937 年 8 月 25 日以东北抗日救国总会的名义发布《关于抗日救国宣战运动的紧急通知》。提出东北抗日军民的斗争任务:动员群众以一切财力、物力、人力援助抗日联军,号召伪军哗变反正救国;集结抗日部队,破坏日伪铁路交通、粮栈仓库;坚持神圣正义的抗日战争,动摇敌人后方,与内地对日作战相呼应,争取抗战最后胜利。9 月 26 日,中共吉东省委在周保中主持下,于四道河子召开常委工作会议。会议分析了全国抗日战争爆发后东北抗日游击战争的形势,决定了吉东党组织和军队所必须承担的战略任务。会议认为:目前东北抗日游击战争的任务,除反对日本帝国主义对东北的殖民统治并收复东北以外,还要牵制日本侵略军入关,支援全国抗战。因此,必须积极开展游击战争,给予敌军以有效打击,使日本侵略者腹背受敌。为了加强对吉东地区抗日部队的领导,加强各部队相互间的配合作战,避免为敌军逐个击败,会议决定:继东北抗联第一路军成立之后,建立东北抗联第二路军,并组织筹备委员会成立总指挥部。东北抗联第二路军以第四、五军为骨干,还有第七、八、十和东北义勇军吉东游击军姚振山部及救世军王荫武部等部队。由周保中任第二路军总指挥,第五军军长职务由该军原副军长柴世

---

① 《周保中、宋一夫给王光宇的信》(1937 年 7 月 28 日),中央档案馆等编:《东北地区革命历史文件汇集》甲 49,第 187 页。

② 《赵尚志、张寿篯给祥兄的信》(1937 年 8 月 28 日),中央档案馆等编:《东北地区革命历史文件汇集》甲 49,第 317 ~ 318 页。

荣担任。同年,10月10日发表了筹建第二路军通告。之后,周保中相继到达宝清、饶河,接连召集抗联第四、五军干部会议和下江特委扩大会议,对抗联第四、五、七军进行了整顿。1938年初,东北抗日联军第二路军正式组建。抗联第二路军整顿部队,积极开展反"讨伐"作战,使得吉东、吉北地区抗日游击战争呈现大好形势。

全面抗战爆发后,北满地区抗日斗争形势也更为高涨。1937年8月20日至24日,中共北满临时省委召开会议,决定在九一八国耻日组织爱国群众举行抗日反满大暴动。9月17日、18日,汤原县格节河区、龙区、鹤区、汤区相继爆发大暴动,沉重打击了日伪当局。9月18日,东北抗日联军总司令部发出《紧急通令》,指出:"中日战争现已全面展开,举国一致,以抗战驱逐敌人,争取民族解放的时机已经到来。因此,中国同胞必须迅速崛起,救国光复东北,以赢求民族解放和国土完整"。通令号召北满地区人民为配合全国抗战,积极行动起来,武装起来,袭击消灭敌人部队;反对敌人的强迫劳役、征发粮食、征发人夫;破坏敌人兵站、仓库和交通,反对"归屯并户"和建立"集团部落",积极参加抗日队伍,援助抗日联军;抗联部队要"加紧领导和布置抗日游击区的各种斗争,保持旧的抗日区域继续支撑活动和新的抗日区域的突击与开展",积极克服前进中的一切困难,冲破1937年度的日军大"讨伐",在反"讨伐"斗争中袭击、消灭日本侵略军。[①] 根据中共北满临时省委的指示,东北抗联第三、六、九军及独立师,分别在松花江下游地区和小兴安岭西麓广泛开展游击战争。游击区的广大群众与东北抗联部队相互配合,积极开展扒铁路、毁桥梁、割电线、袭击兵站、破坏交通枢纽的斗争,严重威胁日伪在北满的统治,被日军称为"北部国防线上的心腹之患"。

从1937年9月至1938年上半年,抗联部队共出动3304次,与日伪军交战1242次,累计参战12.3万人。东北抗日联军在全国抗日战争的新高潮中继续发展壮大,全部兵力也增加到3万余人。抗日游击根据地扩大到70余县,形成了东北满、吉东、东南满三大游击区。日本帝国主义此时虽然大举进攻关内,急需大量军队,但却苦于深陷东北战场无法自拔,反而继续在东北增兵。1937年七七事变前夕,日军在东北的驻军有20万人至1938年猛增到40万人。其中原因很多,但主要原因是中国共产党领导下的东北抗日联军的存在及由他们所积极开展的遍及南

---

① 《东北抗日联军总司令部紧急通令》(1937年9月18日),存中共黑龙江省委党史研究室。

满、吉东和北满广大地区的游击战争。

六、中共中央对东北抗战的肯定

虽然东北抗联与中共中央失去组织联系,但中共中央和毛泽东等主要领导人并未因此减少对东北抗联和东北人民抗日斗争的重视和关注。1936 年 8 月 10 日,毛泽东在写给抗日救国会负责人章乃器、陶行知、邹韬奋、沈钧儒的信中,写道:"我们东北抗日义勇军能够进行继续英勇的抗日斗争。敌人的报纸都承认东北义军已使敌人'损失十万以上的生命和几万万的金钱',并使日本帝国主义不能很快地侵入中国内地,虽然他们还未取得彻底的胜利,可是对国家、民族已有了巨大的功劳和帮助。"①同年 10 月 13 日,《救国时报》第 64 期全文发表了这封信,不久又被苏联杂志《太平洋》转载,1937 年传入东北后,对抗联深入了解从事抗日斗争的意义和价值,坚定意志和信念起了重要的作用。

1937 年 8 月 25 日,毛泽东在《为动员一切力量争取抗战胜利而奋斗》的报告中提出:"援助抗日联军,破坏敌人后方。"1938 年 2 月,毛泽东在延安会见美国合众社记者王公达,回答其提出的问题时说:"中国共产党和东北三省抗日义勇军确有密切关系,例如有名的义勇军领袖杨靖宇、赵尚志、李红光等等,他们都是共产党员,他们的坚决抗日、艰苦奋斗的战绩,是人所公知的。那里也是民族统一战线,除共产党员外,还有其他的派别及各种不同的军队与民众团体,他们已在共同斗争方针下团结起来了。"②毛泽东的谈话,对东北抗联斗争和东北抗日民族统一战线给予了充分肯定。

在 1938 年 9 月 29 日至 11 月 6 日召开的中共六届六中全会上,东北抗日工作成为主要议题之一。中共中央总书记张闻天在开幕词中,代表党中央向夏云杰、陈荣久、金伯阳、李斗文、何忠国等抗联先烈致哀。11 月 5 日,大会向"东北抗日联军杨司令转东北抗日联军的长官们、兵士们、政治工作人员们"发出由杨松起草的慰问电。电文热情赞誉东北抗联是"在冰天雪地与敌周旋七年多的不怕困苦艰难奋斗之楷模",指出"我们在过去现在和将来都不会忘记沦陷在敌人铁蹄统治下的东北三千万同胞,我们也不会忘记在最艰难困苦的条件下,同民族死敌作长期斗争的

---

① 　中共中央文献研究室编:《毛泽东年谱(1893—1949)》中卷,中央文献出版社 2002 年版,第 138 页。
② 　《毛泽东文集》第二卷,人民出版社 1993 年版,第 103 页。

亲爱的同志们。八路军一个支队曾到冀东游击,希望在东北各地的民族志士及全体同胞,在敌人后方响应,与敌进行更加长期的持久的艰难的游击战争,更加巩固和扩大各党各派各阶级各部队的抗日民族统一战线,以准备我国军队在将来反攻,而达到收复东北的目的"。① 这份历史文献,充分肯定了东北人民抗日斗争在全国抗战中的地位和作用,指明了东北抗联面临的艰巨任务和光明前途,重申了中国共产党抗战到底和收复东北失地的坚强决心,体现出中共中央对东北抗联的高度重视和亲切关怀。同年底,这份电报经中苏边境国际交通线辗转传入东北,成为抗联在极端困难条件下坚持顽强斗争的强大精神动力。

---

① 东北抗日联军史料编写组:《东北抗日联军史料》(上),中共党史资料出版社1987年版,第181页。

第二章　战斗与牺牲

一、日伪残酷镇压

东北是日本帝国主义推行"大陆政策"的重要基地和全面侵华的后方。东北抗日联军的发展扩大以及抗日游击战争的蓬勃开展,牵制了它的兵力,严重阻碍了它的侵略计划的实行。七七事变后,日本侵略者为了把东北变成其侵华的战略后方基地,不断强化对东北的殖民统治,推行所谓"治安第一主义"的方针,加紧对人民群众反抗的镇压。

(一)制定三年"治安肃正计划",开展军事"讨伐"

日本帝国主义为了实现独霸中国的野心,在向华北侵略扩张的同时,极力将东北变成其全面侵华战争的稳固后防基地,以保证"以战养战"的目的。遍布在东北各地的抗日烽火使他们在侵华战争后方感到不安。时任伪满"军政部"最高顾问佐佐木到一在谈到东北的治安形势时,承认"虽然有了一时的或局部的好转,但是马上希望达到全面持久化是有困难的。形成这个方面的根本原因,是在于'匪团'组织在思想上、政治上的加强,特别是其深刻的质的变化,即'共匪化'"①。这时,东北人民革命军不断发展壮大,东北抗日义勇军恢复发展,两支队伍经常共同战斗,仅1935年就出动3.91万次,178.39万人次②,抗日斗争形势不断高涨。1936年初,日本关东军为了彻底消灭共产党及其领导的抗日部队,发布了《满洲国治安肃正计划大纲》,提出"自昭和11年4月(即1936年4月)以后三年内,领导日满宪警担任治安肃正工作,以期彻底肃清、镇压在满共产党"③。日军这一计划提出了

---

① 伪满洲国军政部军事调查部:《满洲共产匪之研究》(内部编译资料),大安书店1937年版。
② 吉林省公安厅公安史研究室编译:《满洲国警察史》,长春市人民印刷厂1990年印,第530页。
③ 中央档案馆等合编:《日本帝国主义侵华档案资料选编·东北"大讨伐"》,中华书局1991年版,第207页。

治标、治本和思想工作三位一体的"治安肃正"方针。"治标"就是以日伪军、宪、警进行军事"讨伐",以肃清"匪化"地区;"治本"就是建立"集团部落"、制造无人区,实行经济封锁,断绝抗日武装与当地群众的联系,破坏其生存环境,以达到消灭抗日武装的目的;"思想工作"就是强化法西斯殖民统治,发展军、警、特组织,杜绝赤化思想,镇压中共党团组织及反日团体,宣传奴化思想,严禁反日特别是共产主义思想的传播。该计划规定分三期施行:1936年4月至1937年3月为第一期,"肃清"的目标除国防重工业区、铁路沿线与县城及主要城镇、要道、"匪化"地区外,将军事的重点放在滨江、吉林、间岛、三江(特别是饶河及汤原地区)等地,要求各防区日军、守备队与宪、警密切结合,切实确保该防区治安,并拟在夏季之后,于适当时机组织日伪军统一开展"肃正"工作。在思想工作方面,肃清"满洲国"内反日团体特别是中国共产党,杜绝中国共产党与国外的联系。1937年4月至1938年3月为第二期,目的是在前期"肃正"工作基础上,进一步巩固现有成果,为全满推行"肃正"治安工作奠定基础,治安"肃正"的主要地区为东满,尤其是东边道吉林东部三角地带以及滨江、三江两地的松花江以北地区,其工作重点是歼灭中国共产党领导的抗日武装。1938年4月至1939年3月为第三期,"治安肃正"的主要地区是"满洲国"东部地区特别是三江、滨江、安东各地及奉天的东南部。这一阶段"治标"工作的重点是追歼抗日武装残部,搜捕领导人,破坏与各抗日武装的联系。"治本"工作要普及保甲制度,对抗日游击根据地进行"清乡"。此后,在1936年至1938年间,关东军先后发动了"东南满独立大讨伐""三江大讨伐",使东北抗日游击战争日益艰难。抗日武装遭受到很大的损失。据日伪资料统计,仅1936年抗日武装战死1.07万人、负伤7988人、被俘1782人,共2.05万人。① 此期间,辽宁民众自卫军王凤阁部遭受重大损失,王凤阁被俘后于1937年4月1日在通化英勇就义。日本侵略者从1938年后不断向东北增兵,由1937年的4个师团增至8个师团,兵力由1934年的30万人增加到1938年的50万人。1941年日本侵略者举行所谓"关东军特别大演习"时,日军兵力增至76万。这些军队分别驻扎在东北各地,将东北作为侵略苏联的"练兵场"。日本国内各师团也轮换编入关东军,到东北进行实战演练,随时准备发动更大规模的战争。其日伪军的"讨伐"规模也越来

---

① 中央档案馆等合编:《日本帝国主义侵华档案资料选编·东北"大讨伐"》,中华书局1991年版,第228页。

越大,手段也越来越残酷。由于东北地区无正面战场,东北战场又与关内战场隔绝,只有三万余人的抗联队伍处在孤军奋战的境地。在日伪军的分割、包围之下,抗联部队以难以形成统一的整体,彼此配合作战。

日军在对抗联部队"讨伐"的同时,还不断强化伪满军队,实行"国兵制",扩充伪军兵力。日伪当局驱使大批城乡青壮年拿起武器当伪军,去充当"讨伐"抗联部队的炮灰。1940年4月,伪满公布"国兵法",规定年满19岁的男子必须服兵役。随着侵华战争的扩大,伪国兵的退伍期限不断被推迟,以至不允许退伍。未能当上"国兵"的所谓"国兵漏",则编成"勤劳奉仕队"被强迫从事建筑军事工程、筑路、开矿、垦荒等各种沉重的劳役。到1941年,日伪当局在东北原有6个军管区的基础上,又增加到11个军管区,伪军总兵力达20万左右。

（二）建立"集团部落",隔断抗日部队与群众的血肉联系

日军为了维护东北沦陷区的"治安"需要,调集大批兵力疯狂镇压各抗日武装力量。日伪统治者采取了武装"讨伐"和"匪"民分离相结合的办法,以关东军为中心,实行日伪军警宪特与伪满行政于一体的"治安肃正"。但是军事"讨伐"并没有取得"治安肃正"所要达到的效果,反而使抗日武装在人民群众的支援和帮助下异常活跃、迅猛发展。日伪军在"治安肃正"过程中,基础就是建立"集团部落"、设立"无人区",以实现"匪"民分离的目的为最有效的措施。"集团部落"的建立就是要隔绝抗联与人民群众的血肉联系。日军认识到,"为使匪贼无存在之余地,通过捣毁匪贼山寨、组成集团部落、划定无人区、分离匪民工作,使其孤立然后进行讨伐,加以歼灭。"①"集团部落"的建设地点都选择在日伪军在军事上可控制的地域,选在安全地域与危险地域的交界区,使它们成为日伪军"讨伐"的前哨阵地,从而发挥扼杀抗日部队的作用。

"集团部落"建设初期在伪吉林、奉天、间岛等省的十三个县以及伪三江、滨江等省的部分县份中重点推行,其中又以东北人民革命军第一军、第二军活动的辉南、抚松、金川、柳河、濛江、通化、辑安、临江、长白以及延边县等为重点目标。1935年始,敌伪对东边道地区实施所谓"特别治安工作",制定"东边道复兴计划",大力

---

① 《中国抗日战争军事史料丛书》编审委员会:《东北抗日联军参考资料》,解放军出版社2015年版,第158～159页。

修筑"集团部落"。同年底,在上述省区就修筑"集团部落"达到 1 172 个。① 据日伪资料统计,"从 1935 年到 1937 年,日伪在东北各地共建了 10 646 个'集团部落',其中,伪滨江省最多,有 3 384 个;其次是伪吉林省,有 2 315 个;其他有,伪兴安南省 1 245 个,伪龙江省 1 110 个,伪兴安西省 797 个,伪奉天省 610 个,伪牡丹江省 404 个,伪安东省 227 个,伪三江省 175 个,伪间岛省 138 个,伪通化省 103 个,伪兴安北省 104 个,伪锦州省 23 个,伪黑河省 7 个。"② 日伪采取的方针是"重要街镇以外的农户,原则上都要收容到集团部落之中"。如 1936 年 8 月,日伪在长白县废除区村制,实行街村制。1937 年,日伪在长白县开始强行归村并屯,全县划为一街五村,辖 73 个"部落"。1937～1939 年的"集团部落三年计划",使伪三江省"集团部落"数量达到了 578 个。日伪鉴于"集团部落"在"治安肃正"上"效果"明显,为了配合对抗日武装的"大讨伐",在 1937 年以后,进一步增建"集团部落"。据日伪统计,1937 年新建"集团部落"4 933 处,1938 年新建 1 923 处。从 1932 年伪满洲国成立至 1939 年末,共有 500 万以上的农民被强制赶入"集团部落",共建"集团部落"13 451 处。③

日本帝国主义在推行"集团部落"的政策和建设中,是对东北人民群众大施淫威,制造法西斯惨案的过程,给东北人民造成了巨大的灾难。

第一,日伪在建设"集团部落"过程中实行野蛮的烧杀政策,强制人民群众归屯并户。将原来农民居住的房舍、村庄一律焚烧,制造了许多无人区,致使大片耕地荒芜,农民流离失所。1933 年 10 月,日军第十师团一部约 2000 余人并配属伪军 1 万余人,对吉海路两侧各县进行"讨伐",仅磐石、伊通、烟筒山、永吉、海龙等城镇的不完全统计,便陈尸 2 千余具。1935 年春,日军在五常洙漠川一带即"焚毁 200 余里,屠杀民众 700 余名。"1934 年至 1936 年仅通化县被焚烧之屋达 14 000 千间,废弃耕地 33 万亩。柳河县,到 1936 年 10 月时,已将全县散居民房全部烧毁,1.2 万户农民被赶出家园。在南满地区,1936 年桓仁县共设立 199 处"集团部落",强迫 1.2 万户居民迁入,原房屋一律烧毁。1936 年在宽甸县推行"集团部落"建设

① 伪满洲国治安部警备司:《满洲国警察史》,1942 年 9 月版,第 383 页。
② 中央档案馆等合编:《日本帝国主义侵华档案资料选编·东北"大讨伐"》,中华书局 1991 年版,第 173 页。
③ 伪满洲国治安部警务司:《满洲国警察史》,吉林省公安厅公安史研究室、东北沦陷十四年史吉林编写组译,1990 年内部印刷,第 232 页。

时,日伪军制造了"马架子屯惨案",先后屠杀 300 多名群众,这些群众都是在建立"集团部落"时逃跑的。凌源县也拆烧房屋 4.6 万间,被枪杀抓捕的百姓达 1.4 万人。汤原县的太平川"集团部落",先后两次圈屯,捕去群众 140 余人,杀害 110 余人,并将太平川和附近 12 个自然屯的 4 490 余间房屋全部毁坏,还烧毁了群众大量粮食和财务。除 370 余户被赶入集团部落后,其他农民被迫逃离他乡①。1936 年 5月,在伪滨江省哈东地区帽儿山蜜蜂村推行归屯并户中,56 个自然村屯被烧毁,3 000 余户 1.5 万余人失去住处,其中被迫搬进"集团部落"的 1 000 余户,余下的2 000 余户饥寒交迫,四处逃亡。② 日本战犯野崎茂战后供述:"为了制造无人区,我曾命令部下烧毁了大量房屋,仅在蜜蜂地区就烧毁了 6 500 余间,并驱逐了大批中国和平居民,使他们没有东西吃,没有地方住,流离失所,无家可归。"③ 日军在五常制造的"杀大沟"归屯并户中,有 1 200 余人遭到杀害,有 6 900 多间民房被烧毁,2 100 户家破人亡。五常县 60% 的土地 2 900 平方公里成为无人区。④ 最典型的事件,发生在 1937 年 11 月下旬至 12 月中旬,地点是依兰县九区。当时抗联第八、九军的根据地在依兰县九区土城子附近的大顶子山至三道河一带,由于土城子附近的居民不断向抗联供应物资和粮食,日伪军侦察此事后,限令居民在一两日内迁出,两天之后开始焚烧百姓房屋。仅土城子一个屯就烧毁房屋 620 处,2 500 多间,使 6 000 多人在严寒的冬天流离失所。1937 年 1 月至 9 月,伪奉天省和安东省,因"集团部落"而逃亡的人数达到了 113 000 多人。1937 年抚顺县冻、饿、病死和被日军杀害的人口占全县人口的 30% 以上。1936 年至 1937 年初,在南满尤其是伪奉天省、伪安东省的大批农民逃往北满。仅 1937 年 1 月至 3 月,就有 113 000 余人沿"京滨"线铁路北上,导致铁路不得不开行移民专用列车。伪三江省方正县从 1935年初到 1936 年末,有 2 500 户近万人被赶出山里,房屋被烧毁,日军制造了面积达20 余万公顷的无人区。⑤ 伪饶河县在归屯中,从 1937 年冬至 1938 年春,仅 5 个月

---

① 《黑龙江文史资料》第 19 辑,第 190 ~ 195 页。
② 中共黑龙江省委党史研究室编著:《黑龙江省抗战时期人口伤亡和财产损失》,中共党史出版社 2011年版,第 126 页。
③ 中央档案馆等合编:《日本帝国主义侵华档案资料选编·东北"大讨伐"》,中华书局 1991 年版,第156 页。
④ 中共黑龙江省委党史研究室编著:《黑龙江省抗战时期人口伤亡和财产损失》,中共党史出版社 2011年版,第 128 页。
⑤ 方正县史志办公室:《侵华日军在方正县制造"无人区"》,存方正县委党史研究室。

时间,全县约 2/3 的山区变成无人区。① 敌人除了使用这种灭绝人性的白色恐怖手段外,同时还配合以严厉的经济封锁。规定居民外出耕种田地也限制在部落 4 公里之内,必须当日返回,外出不准带较多的粮食和食品;禁止种植可直接食用的土豆、苞米和豆类植物;秋收时核查地亩与粮食,防止农民暗留粮食给抗联部队;在游击区附近的城镇,控制物品买卖,特别对布匹、棉花、胶鞋、食盐等物品严格控制数量,竭力防止这些物品流入抗日人员手中。如发现为抗日武装代购粮食、服装、药品、食盐等物品者一律以通匪罪予以枪杀。日伪企图使抗日部队永远陷于孤立无援和饥寒交迫的境地,敌人的这种政策对抗日部队和抗日游击根据地是一种严重的威胁。

第二,居民进入集团部落后,如同进入了监狱,丧失了一切民主权利。日伪通过严密监视群众的言行,对部落居民中 16 ~ 60 岁的男子采取指模,进行指纹登记,以此作为分辨"匪"民的重要凭据。要求居民出入必须持有居民证,经军警严格的检查,一旦被视为可疑分子,即遭逮捕、毒打、监禁以致杀害。在汤原太平川"集团部落"受过非人待遇的农民刘奎昌回忆,部落内看管特别严,凡是出入的马车都要搜查,往外运粮草就以通匪罪论处;规定三五人不准结帮走路、谈话;夜间不许插门和点灯;警察和特务是两天一查户口、三天一查夜,外来人必须报告,经准许才能过夜。农民李仁外出办事回来时部落四门紧闭,只好在野地里受冻,实在冻得熬不住,冒险爬过墙回家被警察抓住,关押在炮楼里被打得死去活来。日本守备队在部落内无恶不作,奸淫烧杀。据张和等 11 人控诉:"日军守备队在太平川竭尽残暴,昼夜侵入百姓居室,强奸妇女。张禄之妻被日军强奸致死;汪某之妻被 7 名日军轮奸后,夫妻被迫逃散在外,至今没有下落。"②

第三,集团部落居民生活窘迫,毫无保障。一是役税加重。部落居民不但要承担部落围墙、炮楼、道路的修筑之役,而且要被编入伪自卫团,担负站岗与训练之役。"百户人家的屯子,成立 30 人的自卫团,设团长、团副,白天进行军事训练,把门站岗,盘查行人;夜间放哨,防范'土匪'进屯。"③在部落内,苛捐杂税有增无减。

---

① 安林海:《饶河文史资料》,1985 年内部印刷,第 108 页。
② 中共黑龙江省委党史研究室编著:《黑龙江省抗战时期人口伤亡和财产损失》,中共党史出版社 2011 年版,第 200 页。
③ 中国人民政治协商会议桦川县委员会文史资料研究委员会编:《桦川文史资料第 1 辑》,内部资料,第 168 页。

如延吉县茶条沟仲平村的"集团部落"居民,归大屯后每年则增为 3 598 个劳动日,增长了 4 倍多。其中保甲税由归屯前的 594.6 元涨到归屯后的 1 436.5 元。二是口粮保证不了。由于土地的荒废,粮食被大量的毁坏,日伪军为了围剿抗联部队,甚至不许农民耕种高秆作物,致使部落居民严重缺粮,常常以挖野菜、剥树皮来充饥。据敌伪统计,仅通化县 1936 年末就有饥民 1.3 万余人。辑安(集安)县除县城外有半数农民过着"日无食、寝无被"的生活。三是"集团部落"内住所的简陋。日伪在建"集团部落"时,根本不顾民众的基本生活保障,不等部落建起民房就将大批居民驱入部落内,因此居民住房简陋,有些人甚至无处存身。如伪通化县内的"集团部落"住房大都用树皮、稻草等物临时搭建的,有的是破木栏杆搭建的窝棚,墙壁有很多窟窿,难以遮挡雨雪,外面铺上草,里面铺上草,就是全家的卧室,多数都为马架子和地窖子。穿的是低劣的更生布,一下水就坏,即使这样的布料,经过层层克扣到群众手中也仅剩三四尺了;有的家甚至仅有一床被子,一条裤子。四是疾病的流行,导致人口迅减。在"集团部落"内卫生条件很差,加之衣食住行的困难,致使居民中疾病流行,(通常称为"窝子病")传染病蔓延,许多居民被夺取生命。据日伪资料统计,1936 年在通化、金川、柳河等县的"集团部落"中传染病四处蔓延。多数是伤寒、痢疾、妇科病,有的是重感冒、肺炎等疾病,百姓无钱无药救治,"不死也脱层皮"。仅通化县的"集团部落"中,传染病患者达到 1 132 人,其中死亡 153 人;金川县患者 1 505 人,死亡 137 人;柳河县患者 4 385 人,死亡 315 人。而且传染病还蔓延到东边道其他各县。在新宾县的大四平、马架子、下夹河等"部落"中,因伤寒死亡 1 283 人。1942 年,日伪当局强迫以世居抚远地区捕鱼为生的赫哲族人在密林沼泽中建立了 3 个部落,部落中除了几处潮湿的地窖子外,没有任何房舍。1944 年的一场伤寒,仅第三部落就死亡赫哲族住民 38 人。到东北光复时,赫哲族人口从民国初年的 3 000 余人锐减至 300 余人。整个东北因"集团部落"而受害者达 500 万人,约占东北当时人口的 1/6。应该讲,每个"集团部落"都是一部被日伪烧杀抢掠的血泪史,这充分证明了日本帝国主义宣扬的"归屯并户并不是强迫收容,而是为了自身生命财产的安全和欢迎自家经济的更生与发展"是彻底的谎言,其侵略暴行是掩盖不住的。

(三)强化统治机构,加剧残害城乡群众

从 1937 年 5 月起,日本对伪满洲国实行机构大"改革",修改《组织法》,并发表《新国务院官制》《新国务院各部官制》《国务院所属机关的新官制》等。"改革"的宗旨是实行全面的"日本化",如原民政部警务司改称治安部,由汉奸于芷山任大臣,日本警察厅警备部长薄田美朝任次长,日本人涩谷三郎为警务司长。将警察纳入军事系统,原属"满铁"的路警一并接收作为铁路特殊警察,实现军警统一指挥,省级日本人担任副省长,县级日本人参事官改为日本人担当副县长。这些日本人"次长"表面上是"副职""副手",但实际上掌握着各级大权、实权,是名副其实的"太上皇",伪满政府的所有"政令""法令"均由他们制定和实施。"改革"中在各部实行"次长制",大臣之下配属日本人担任"次长"。伪满洲国一切重大决策都是由总务厅长官主持召开的"次长会议"炮制的。

日伪当局不断充实各级警备机关,扩充伪警察、伪宪兵队伍,训练各类特务。遍布城乡的伪军警宪特构成严密的统治网络。他们经常以"战时有害分子"、"通匪"(日伪把支援抗联与抗联有联系的群众称为"通匪")、"经济犯"、"思想犯"、"国事犯"等罪名到处抓人。他们把抓来的人或关进监狱、"矫正辅导院",或押往国境地带修筑军事要塞;也有的被送往"七三一"部队(细菌工厂)做活体实验材料。日伪当局利用其统治机构,大肆逮捕杀害共产党人、爱国志士和无辜群众。仅1936—1937年,大惨案就有十多起。1936年6月10日,关东军宪兵司令部发出"全面逮捕北满共产党的命令",在哈尔滨、齐齐哈尔、海拉尔、牡丹江及伪都"新京"等地逮捕中共抗日地下组织成员172人,加上以前逮捕的与共产党有关者,总人数达213人。[①] 1936年10月至1937年3月,柳河县警务司特别工作班先后逮捕中共党员和抗日爱国群众120多人,其中大部分被杀害。1936年11月,伪安东省宪兵队、警察厅先后在安东、通化、庄河、辑安等地逮捕爱国教育工作者和工商界人士311人。12月14日,日本守备队在安东县南岗头(今辽宁省东沟县)村以搜查抗日军为名屠杀群众275人,烧毁房屋157间。1937年4月15日,日伪对以哈尔滨为中心的哈尔滨至绥芬河、哈尔滨至北安铁路沿线及东北大中城市的中共地下党组织进行"大逮捕",抓捕共产党员和抗日群众共482人,其中85人被处死,67人被判刑。致东北大城市和城镇中的"共产党组织损失殆尽,无力恢复活动"。为镇压群众的武装反抗,日伪军强行收缴散落在东北民间的枪械,至1937年底,收缴

---

① 中央档案馆等合编:《日本帝国主义侵华档案资料选编·东北"大讨伐"》,中华书局1991年版,第44页。

枪械总数达 1 500 000 支,仅 1936 年就收缴了 207 300 支。尽管这一数字大大超出了日伪军的预计,但其仍认为东北民间有六七十万支枪械没有收回,于是大幅度增加军警力量广泛收缴枪械,至 1938 年又收回 221 161 支,1939 年收缴 143 047 支。

二、抗联第四、第五军的游击战

东北抗日联军第五军,是在中国共产党领导下建立起来的一支抗日武装部队。它的发展经历了绥宁反日同盟军、东北反日联合军和东北抗日联军第五军等时期。这支部队是由中国共产党直接领导的几支抗日游击队,联合东北军余部及抗日山林队组成的有统一编制的抗日武装。五军人数最多时达 3 000 余人。游击区从最初的宁安县扩展到穆棱、林口、方正、依兰、勃利、宝清、富锦、密山、虎林、东宁、汪清、延吉等许多县城。

1937 年 3 月,五军一师二师和军部直属队都先后集结在以刁翎地区为根据地的牡丹江下游地区。在此期间,周保中指挥了大盘道伏击战、夜袭前刁翎、攻打依兰县城等战斗,均取得了重大胜利。

七七事变爆发后,战斗在吉东地区的抗联第四军、第五军部队,在中共吉东省委的领导下,以爱国主义的民族精神和百折不挠的英雄气概与日本侵略军展开坚决斗争,主动出击,攻袭敌人据点、兵站,扰乱敌人后方,歼灭日伪军有生力量,使吉东地区的抗日斗争呈现出新局面。

1937 年 7 月,抗联第四军在李延平率领下,积极活动在富锦、宝清等地。9 月 18 日,抗联第四军第二师师长李天柱与该军第四师长刘振国率部共同攻袭富锦县国强街基,缴获一批军需物资。同年夏,抗联第四军与抗联第五军、第六军在宝清二道山子共同进行了一场伏击战。根据战斗部署,由抗联第六军第一师部队将驻守宝清县城的一股敌人诱出,当敌人行至二道山子时,埋伏于此地的抗联第四军、第五军战士一齐向敌人开火。此战,毙伤日伪军 20 余人,其中有日本指导官 1 名,缴获轻机枪 1 挺、步枪数十支。余者狼狈逃回宝清县城。

7 月中旬,抗联第五军军长周保中率新成立的警卫旅离开牡丹江岸,向依兰东部伸展。周保中率警卫旅到达依东后不久,即在小门傅东山与由十大户东进追击抗联部队的日军展开激战,经过 3 个小时战斗,将敌人击退,毙敌 20 余人。之后,周保中率警卫旅部队与在依东、桦川附近活动的抗联第八军、抗联第三军第五师和独立第一旅会合。此期间与敌军激战 4 次,击毙日军大佐以下官兵 50 余人。抗联第五军第一师与军部教导队活动在牡丹江沿岸。她们与抗联其他部队紧密配合，积极开展以袭扰日伪据点和设施目标的军事活动。7月14日，第一师一部在穆棱县十站西盘道岭伏击了从牡丹江开来的敌人军列，击毙日伪军130余人，并将机车击毁。7月25日，抗联第五军第一师与第四军第二团联合攻袭了三道通伪军据点，击毙日本少佐和中尉军官各1人，士兵10余人，余者溃逃。8月13日，抗联第五军与抗联第二军、第四军、第八军各一部共250人，在抗联第五军副军长柴世荣的指挥下，对来三道通修筑兵营的120余名日军发起攻击，经过半日激战，敌人死伤40余人。8月22日，抗联第五军第一师第三团在该师参谋长王毓峰的指挥下，解除了伪军张营第三连的武装，毙伤敌10余人，缴获轻机枪1挺、步枪72支、手枪2支、子弹1.1万余发、军大衣百余件及其其他军需物品。

与此同时，抗联第五军军部为了打破敌人围歼的阴谋，派遣第一师第二团前往西南方向活动，以恢复旧游击区，并与抗联第二军一部取得联系。以后，该部在向西南行进途中，接连袭击敌人兵站，破坏敌人交通设施。但因该地区日伪统治严密，致使抗联活动也极为困难。

三、日伪实施"三江大讨伐"

1937年冬开始，日本关东军按照它所制定的"三年治安肃正计划"，将军事"讨伐"的重点自南满转向东北满的伪三江地区。七七事变后，这一地区聚集了东北抗日联军十一个军中的八个军，他们纵横驰骋在松花江下游、张广才岭和牡丹江下游以东、乌苏里江以西、中东路东段以北的广大地区，形成了若干抗日游击区域，建立了许多基地和后方密营。广大人民群众抗日热情高涨，驻守这一地区的伪军普遍动摇，其中一部先后反正投向抗日联军。日本侵略者曾哀叹："三江省已变为共产乐土"。

自1936年以来，东北抗联除第一、第二军仍活动在东南满、第十军活动在五常以外，其余八个军的部队均集中到了北满的伪三江省地区，广泛开展的游击活动对日本殖民统治构成了极大威胁。在七七事变爆发前，关东军就决定在伪三江省开展"特别治安肃正工作"，并组织"特别治安维持会"进行统筹。1937年6月11日，关东军召开所谓"治安防卫会议"。会上，日本关东军参谋长东条英机说："三江省地处偏僻，交通不便，满洲国行政力量渗透甚浅，日满军警的英威贯彻不到的地方很多。现今省内匪民严重混淆，呈现所谓共匪统治状态的地区甚为广泛。为加强东北防卫区(即三江地区)的治安肃正，军部决定增加东北防卫区内的日军兵力，加强讨伐威力。"会后,关东军司令部在 7 月 16 日作出《昭和十二年第二期治安肃正计划要领》,要求"继续将日满军高度分散配置在各地,积极搜索并消灭残匪,同时在其长期保护下促进治本、思想等工作的进行"①。

1937 年 7 月至 1939 年 3 月,日伪当局主要针对伪三江地区汤原东南部、方正东部、桦川、依兰、勃利 4 县全部,进行名为"东北防卫地区特别大讨伐",妄图一举消灭东北抗联第二路军。动用日军三个师团、伪靖安军四个团和伪兴安军等 5 万余人的兵力。在大规模军事进攻的同时,还组织"田中工作班"和"特搜班",开展侦察、搜捕、诱降、瓦解等"特别工作"。又成立了 9 支百余人的"特设游击队",专门"围剿"抗日武装小部队,日伪军总兵力达到了 6 万余人。日伪"讨伐"部队与当地军警宪特相结合,在政治上、军事上、经济上、文化上进一步加紧对中共领导的抗日武装进行全面的、所谓"治标治本相结合"方式的进攻。敌人采取了分割包围、"篦梳式"进剿、肃清一地、巩固一地的手段向抗联部队进攻,妄图将抗联各部驱于一隅,"聚而歼之"。

在三江地区"讨伐"中,日伪军警宪特大肆烧杀抢掠,捕杀数以千计的抗日武装人员和爱国群众,破坏了不少抗日武装基地和密营,抗联部队受到很大的损失。据《新京日日新闻》1938 年 7 月 14 日报道,日伪军对三江地区"讨伐",屠杀抗日武装人员和民众 5 470 名、抓捕 1 500 名,毁坏山寨 1 143 个。② 据《三江省综合报告书》所记载,共抓捕抗日武装人员和群众 4 398 人。③ 日伪当局还采取凶残毒辣的政策,使抗联的斗争遇到了极大的困难。抗日联军在反"讨伐"斗争中浴血杀敌,但因敌强我弱,部队损失很大,许多干部战士牺牲,也有的投降叛变。在日趋残酷和艰苦的对敌斗争形势下,一些被收编的抗日武装开始发生动摇。如由反日山林队于九江部和考凤林部改编的抗联第三军第七师、第八师在严酷的斗争面前,经不住日伪机关的诱惑,大部于 1937 年秋相继叛变、失散。同时,由于敌人实行"归屯并户"政策,"集团部落"的广泛建立,使抗日部队与人民群众的联系被隔断,部队难以得到群众的支援,特别是抗日部队后勤物资供给得不到保障,经济来源断绝,

---

① 关东军司令部:《昭和十二年第二期治安肃正计划要领(1937 年 7 月 16 日)》,中央档案馆等合编:《日本帝国主义侵华档案资料选编·东北"大讨伐"》,中华书局 1991 年版,第 231 页。

② 中央档案馆等合编:《日本帝国主义侵华档案资料选编·东北"大讨伐"》,中华书局 1991 年版,第 386 ~ 389、401 页。

③ 中央档案馆等合编:《日本帝国主义侵华档案资料选编·东北"大讨伐"》,中华书局 1991 年版,第 401 页。

弹药难以购置,队员补充减少,其活动受到很大限制。在敌人开展的"三江大讨伐"中,抗联战士因战斗、饥饿、伤病等导致大量的减员。鉴于上述原因,自1938年后,东北抗日武装斗争逐渐转入到极端困难的时期。

四、第二路军西征

中共吉东省委和北满临时省委早已预料到敌人必将采取"讨伐",在原则上议定了应敌方针。1937年3月14日,在三道通镇四道河子孙家大房山的抗联五军密营中,周保中主持了吉东党扩大会议,成立了中共吉东省委。省委书记宋一夫,常委周保中、王光宇分别担任组织部长和宣传部长。会后,周保中根据会议决议,整顿了五军部队,改组并健全了全军各级党组织,加强了整治工作,使抗联五军发展空前壮大。会议讨论了吉东地区抗日斗争的形势,提出,抗联部队必须突破敌人的封锁包围,建立新的根据地,进行持久的抗日斗争。但是,由于各种原因,在一段时间内未能将上述设想付诸实施。此后,日伪统治者连续制造了"四一五"和"三一五"大逮捕,使吉东、北满党的地下组织和群众抗日组织遭到严重破坏。中共汤原县委组织部部长周兴武投敌叛变。他"将县委的组织情况及有关人员的所在和相貌等详细供出,这些成了以后一起逮捕的基础材料"[①]。后来敌人又侦察到中共北满临时省委及中共吉东省委、下江特委、依兰、富锦、桦川等地下组织情况。敌伪经过长期侦察和准备,于1938年3月15日在佳木斯地区采取统一行动,进行大逮捕。从3月15日拂晓至3月17日,佳木斯宪兵队逮捕中共地下党负责人及外围团体成员和潜伏地方的抗联人员250名,查获文件22份、枪械92支、弹药143发,逮捕与党组织有关的人员65名,共计315名。从5月20日到7月8日,又逮捕所谓"漏网"干部13人。此次大逮捕,总共逮捕328人。这次"三一五"大逮捕,致使中共汤原中心县委及其所领导的洼区、汤区、格区、龙区、鹤区等区委、支部、小组及外围抗日团体、抗日救国会、分会都遭到破坏。中共依兰县委及所属景区、力区、金区、龙区区委依兰街支部等组织遭到破坏。中共桦川县委及所属岗区、通区基层党组织被摧毁。中共富锦县委及所属安区、集区、荣区等组织被破坏。勃利县委及所属支部及交通均被破坏。此次事件使松花江下游地区地方党组织破坏殆尽。

---

① 《关东宪兵队司令部警务部<三江省地区"三一五"逮捕经过与实绩>摘录》(1938年11月),中央档案馆等合编:《东北历次大惨案》,中华书局1989年版,第179页。

经过严峻斗争考验的中共吉东、北满党组织不畏日伪当局的破坏,遵循党的抗日救国总方针,克服一切困难,在挫折后重整旗鼓,经过努力,恢复和重建了一些党的地方组织,并坚持领导民众的抗日反满斗争。同一时期,抗联五军在周保中的率领下经过几次大的战斗,共消灭敌人千余人,打死打伤大佐以下敌军官数百人,缴获了枪支弹药和服装、马匹、军需品,全军的武器装备得到了改善。

1937 年 6 月 28 日,在汤旺河,中共北满临时省委邀请吉东省委代表周保中参加的北满临时省委扩大会议上,讨论了敌人在松花江下游企图围歼东北抗联各军的形势,制定了各军的行动方针。提出,各军必须主动分别脱离敌人的"讨伐"区,转移到外线,向黑龙江省的嫩江平原,吉林省的五常、舒兰、榆树一带突击,以便相互声援并分散敌人兵力,使敌人"围歼"抗联部队的阴谋计划落空。决不能将抗联各军的兵力集中于下江地区,给敌人造成"围歼"抗联部队的机会。

1937 年 9 月 29 日,周保中在三道通镇四道河子主持召开了中共吉东省委常委会议,决定成立东北抗日联军第二路军筹备委员会。会议指出:七七事变后,东北抗日游击运动不仅是为了反对日本帝国主义对东北的殖民统治,而且是为了牵制和打击敌人,配合全国抗战。会议认为,为了促使日军主力作战方面迅速崩溃,同时应避免东北抗日联军受日军各个击破,依政治的战略目的,吉东方面各抗日部队应有一个统一的军事组织。根据中共驻共产国际代表团关于组建抗日联军路军的指示,决定继在东南满活动的抗联第一路军之后,组建东北抗日联军第二路军。会议决定委托宋一夫(吉东省委书记)、周保中(抗联第五军军长)、鲍林(勃利代表)、苏维民(宁安代表)、张中华(中东路南代表)、姚振山(东北义勇军第一路司令)、柴世荣(抗联第五军副军长)、李延平(抗联第四军军长)、关书范(抗联第五军第一师师长)、王光宇(第五军第二师师长)、王毓峰(抗联第五军第一师第二团团长)、曲成山(抗联第四军第一师第一团政委)、王荫武(救世军军长)、陈翰章(抗联第二军第二师师长)为东北抗日联军第二路军筹备委员会。10 月 10 日,东北抗日联军第二路军筹备委员会发布通告,宣布周保中任第二路军总指挥。抗日联军第二路军以第五军为骨干,领导第四、五、七、八、十军和姚振山的抗日义勇军、王荫武的救世军。抗联第二路军及总指挥部的成立,使活动在吉东地区的抗联部队有了统一领导,这对于深入贯彻抗日民族统一战线政策,团结各种抗日武装力量,共同开展对敌斗争,具有重要的意义。抗联第二路军组成通告发布当日,第二路军总指挥周保中就致信姚振山,欢迎其参加抗联第二路军并委任为抗联第二路军吉东游击军司令。

吉东省委常委工作会议结束后不久,日伪军纠集 2000 余兵力,自牡丹江、林口、依兰、方正向四道河子抗联第五军根据地和密营发动大规模"围攻"。敌军在飞机的配合下,妄图一举摧毁抗联部队的后方根据地。为了避敌锋芒,保存实力,周保中决定,新任抗联第五军军长柴世荣率抗联第五军第一师在牡丹江沿岸开展游击活动。周保中率领部分队伍东进,到松花江下游地区,对活动在宝清、饶河等地的抗联第四、第五、第七军着手整顿,以适应新形势下对敌斗争的需要。

10 月中旬,周保中率部从牡丹江岸莲花泡渡江,穿越图佳铁路和敌人的层层封锁线,于 11 月初到达宝清县抗联第五军第二师警卫旅的前方指挥所。在这里,周保中检查了抗联第五军"下江远征队"的工作。之后,于 11 月 21 日召开了抗联第五军第二师和警卫旅干部会议,开始着手对抗联第五军进行整顿。这次会议明确了 1938 年西征的准备工作,并将抗联第五军警卫旅改编为抗联第五军第三师。

1937 年,抗联第五军在一系列大小战斗中,共消灭敌人千余人,打死、打伤日伪军大佐以下数百名,缴获枪支弹药和服装、马匹、军需品甚多。使抗联第五军的武器装备非常整齐,以连为单位均为一色枪,并配有 1 至 3 挺轻机枪,师里有掷弹筒或步兵炮、钢炮、迫击炮和重机枪。游击战争的胜利,鼓舞了人民群众抗战胜利的信心。在这一年里,每次战斗结束后,都有很多群众参加抗联军队,也有伪军警哗变抗日。抗联第五军的规模有了很大的发展,全军有 3 000 余人,各师、团人员都成倍增长。

抗联第二路军从 1938 年初开始的反"讨伐"斗争虽取得一定的胜利,但面对日寇的残酷的"围剿",其处境也越来越困难。各部队均受到不同程度的损失。中共吉东省委为粉碎敌人企图"聚歼"抗日部队于三江地区的阴谋,派遣抗联第二路军总指挥周保中过界赴苏联远东,寻求与上级党组织的联系。但原中共代表团驻海参崴联络站负责人杨春山告知,中共代表团负责人王明、康生已回国,代表团不再领导东北工作,海参崴联络站也已撤销,新的关系将由国内方面来建立。同时,杨春山对游击运动等问题也予以指示,其中有"三江省集聚之联军部队,尽一切可能分向新方向(包括最初的老游击区)展开活动"[①]。1938 年 2 月,周保中从苏联远东边境回到饶河,后又到宝清抗联第二路军总指挥部。根据反"讨伐"斗争的实际需

---

① 《周保中给侯启刚同志的信》(1938 年 6 月 26 日),中央档案馆等编:《东北地区革命历史文件汇集》甲 52,第 85 页。

要,为跳出敌围,开辟新的游击区,挫败日伪当局用重兵陆空合围于三江地区"聚而歼之"的阴谋。1938年3月31日至4月1日,中共吉东省委在牡丹江西岸四道河子召开扩大会议,决定第二路军主力突围西征,越过老爷岭,到五常、舒兰等地的日军统治薄弱地区去,恢复和建立抗日游击根据地。打通与东南满抗日联军第一路军和挺进到热河(今分属内蒙古、河北、辽宁)的八路军的联系。

东北抗联西征的目的大致可以概括为以下几点:一是开辟和发展新的抗日游击区,或恢复原有的抗日游击区;二是打通被敌人分割的东北抗联各军和各个抗日游击区之间的联系;三是努力改变东北抗联孤悬敌后、艰苦奋斗的局面。

时任抗联第五军第二师政治部主任季青曾回忆道:

西征是第二路军的一次大的战略转移,是粉碎敌人"讨伐"计划的实际行动。按当时的具体情况来说,西征是必要的,也是适时的。西征不是偶然的设想,而是经过长期观察和分析形势得出的必然结论。1936年冬季,当保中同志从道南进入道北,经过两三个月的实际考察后,在一次吉东党的会议上,他第一次提出"道北形势是敌人'为渊驱鱼',不出两年时间,即可应验,必须警惕,不能上当,因此,现在思想上必须准备离开这里。"

第二次提出西征问题,是在北满临时省委1937年6月末到7月初的执委扩大会议上。他说:吉东省委现在着手准备以第四、第五军为主力向西远征。两路分兵,一路由宝清集结,越过老爷岭,经勃利进入中东铁路道南,相机在东宁、绥芬大甸子等地作一些机动活动,以夺取给养为目的,然后向西伸展,越西老爷岭,进入桦甸、抚松地区,与第一路军打通联系。另一路,在牡丹江下游的刁翎地带集结,越过牡丹江,跨过西老爷岭,在中东铁路的一面坡出现,予敌以突然袭击,夺取给养后,他建议北满临时省委以第三、第六军为主力,组成松嫩平原远征军,摆脱松花江下游西岸的羁绊,开向热河方向发展的基地,这是一个大有发展前途的战略转移。北满临时省委执委会扩大会议采纳了这个意见,并做出决定由赵尚志负责立即组织实施。

第三次提出西征,是在1937年冬,他来到宝清县整顿第四、第五军队伍时说:"要从现在起,在思想上要有所准备,1938年的头等大事是夏、春之际第四、五军的西征!……"这次讨论西征问题,就是要把西征计划如何付诸实施了!

1938年5月,第二路军根据吉东省委四道河子会议精神,具体研究了西征部署和行动计划。参加西征的部队以第四军全部(除留守部队),第五军一、二师,第二军五师为骨干,第八军以及救世军王荫武部、义勇军姚振山部,共计约680余人。计划第一步先将分散在松花江下游地区的第四、五、八军参加西征的部队,集结到依兰县刁翎,而后南进越过绥芬河至宁安铁路,与第二军五师会和,建立宁安、东宁根据地;第二步以绥宁地区为依托,越过老爷岭,向西部五常、舒兰等县伸展,恢复哈东游击区,再横越吉林敦化、延吉敦化铁路,视情况西进,并打通与东南满抗联第一路军的联系。西征部队分为西路军和东路军,以镜泊湖的南湖头为枢纽,隔牡丹江、西老爷岭呼应,保持密切联系。

其中,以第四军、第五军骑兵为主力,会合在牡丹江下游刁翎地区的第二军第五师骑兵部队,并联合第八军吴团及王荫武部骑兵部队,组成300多人的骑兵西路部队,统由第四军军长李延平、副军长王光宇和第二军第五师师长陈翰章率领,在刁翎地区集结后,渡过牡丹江,跨过西大岭,沿着中东铁路活动。主要任务是解决给养,进攻苇河县街,建立临时后方基地,然后进军五常、榆树、舒兰,再沿着吉林至敦化间的铁路伸展,破坏交通,进而西去与南满的抗联第一路军取得联系。

以第四军和第五军一师、二师、第二军五师步兵为主力,组成东路部队,由第五军政治部主任宋一夫、第一师师长关书范、第二师政治部主任陶净非和第二军第五师副师长侯国忠率领,经五河林或穆棱、磨刀石越过中东铁路,袭取绥芬镇,除留守绥芬大甸子一部分必要的队伍建立后方基地外,主力迅速转入宁安,开展宁安东南、西南老区的活动,破坏"集团部落",攻袭交通运输、小城镇、恢复老爷岭地区的游击根据地,然后将主力适当地分布于宁安、汪清、东宁、珲春一带开展游击活动。要求第四、五军领导干部必须"以坚强斗争的最大决心,贯彻行动计划"。"西征军不仅须在军事上力图给予敌人交通联络、军事运输以重大打击与各种破坏,尤在于进攻袭击有几个可能攻陷的市镇,夺取武器补充及占领粮食区,建立必要的、新的临时根据地。西征军应恢复各地原有党组织与群众抗日救国运动的准备。"整个西征行动由周保中负责组织实施。

根据上述计划,抗联第四、五军于1938年5月中旬集中并开始向西行进移动。由于各部队的集结是在日伪封锁区内进行的,给养筹备、部队行动都非常困难,不断遇到日伪军阻击。四军军部和一、二师主力、军直警卫连参加远征,军部被服厂厂长安顺福为首的十几名同志也被编入西征部队中。同月,第四军第一、第二师部队等待第八军部队的到来。但第八军军长谢文东反对西征,极力排斥、阻挠第八军政治部主任刘曙华组织西征工作,不执行第二路军总指挥部有关西征的指示。因此,第八军部队迟迟未到,没有去指定地点集结参加西征。

四军部队集结后,向依东五军密营进发。准备与五军西征部队会合,行军中与准备参加西征的五军二师和吉东省委书记宋一夫相遇。此时,依东敌情严峻,九千名日军正在"讨伐"刁翎二路军总部,吉东省委书记宋一夫决定不再西上刁翎,两军就地筹集给养,由骑兵掩护步兵,直接经勃利、林口,从牡丹江东岸南下穆棱,同时派人通知依东五军西征部队直接到穆棱杨木背会合,而后兵分东、西两路南进宁安,在牡丹江两岸开展活动。5月下旬,第四军一师行进到富锦县南部国强街基附近时与日伪军遭遇,战斗中第一师师长张相武牺牲,使部队失去了一位重要指挥员。张相武牺牲后,由曲成山继任师长。为筹集给养,第四军第一、二师和第五军由宝清、富锦向刁翎行军,在勃利东南大小五站、偏脸子以及林口附近的大小杨木背等地多次袭击日伪军据点和"集团部落",虽解决了给养,但也蒙受了损失,影响了行动的进程。四军准备越过中东铁路,进入宁安西北镜泊湖地区。途中,部队与一直活动在绥宁老区的二军五师陈翰章部不期而遇。陈翰章向宋一夫介绍了宁安的日伪军驻守情况,宁安地区的日伪军警备遍布,已不适合再开展游击运动,陈翰章还告诉宋一夫:五军一师因敌情严重,尚未启程。五军一师及其他抗联部队,在集结过程中等待东部西征部队到来时,被敌人发现了第二路军西征的意图,出动了大批兵力进行"讨伐",把到达刁翎地区的西征部队,逼到牡丹江西岸无人烟地带,并经常发生意外战斗。经过一个月的时间,直至6月下旬,第二路军西征部队除第八军外全部到达了牡丹江下游的刁翎地区。

此时,敌人又加强了对中东路沿线的封锁。在此形势不利于抗联部队的情况下,抗联第二路军不得不改编原来的西征计划。

在这次西征的队伍中有许多女同志,她们同男同志一道跋山涉水肩并肩地进行战斗。在战斗时,她们发挥了战斗员的作用,在打下敌人的村镇时发挥了宣传员的作用,在平时战斗、行军间歇中又发挥了服务员的作用。西征军中的女同志是完成西征任务中的一股重要力量。

西征各部会合后,第四、五军领导人李延平、王光宇、柴世荣、宋一夫、关书范等人,于6月29日在莲花泡召开联席会议,研究了西征行动计划。会议根据各军集结就遭到敌人的阻击,受到了相当大损失情况及第二军第五师师长陈翰章提供的关于日伪军在中东路牡丹江至绥芬河段封锁严密的情况,认为原定的西征计划已经行不通了,于是放弃原定南下进入绥宁地区的计划,决定将原分两路西征先南后西的计划,调整为分三批出发直奔五常。同时鉴于敌人对依兰、方正地区"围剿"日甚,以及敌人分兵三路在飞机配合下不断进攻莲花泡后方基地的紧急情况,会议决定不再继续等待抗联第八军前来会合,第四、五军部队应立即西征。具体安排是:第一批由第五军一师共150人组成,为先遣部队,由师长关书范负责;第二批由第四军一师和第五军二师共260人组成,由第四军军长李延平和第五军政治部主任宋一夫负责;第三批由第四军二师、第五军教导团及救世军等共270人组成,由第五军军长柴世荣、第四军副军长王光宇负责。会议还决定,西征先遣队第五军第一师于7月1日出发,而后西征大部队即攻打敌人据点三通道,以解决西征中的给养问题。

莲花泡会议后,各部队按会议的决定开始行动。经过简短的战地动员后,各部官兵纷纷响应这次西征行动。抗联五军妇女团冷云等女战士也欣然随军远征。为此,冷云忍痛将两个多月的女儿,求军部谢清林副官抱送依兰县土城子的一位朝鲜族爱国群众抚养,踏上了艰苦卓绝的西征之路。

在东北抗联的历史上,第二军和第五军都曾有过妇女连。在1935年以后,抗联第五军转移到了中东铁路道北相继建立了三个妇女大队,第一大队大队长王玉环(崔石泉夫人)、指导员梁玉铭;第二大队队长朱玉新、指导员王一知;第三大队队长片连河、指导员李志雄。这三个大队人数最多时发展到300余人,已具备了一个团的编制。在1936年6月10日《抗日联军党委会通告》中曾规定:妇女——在军队中需要特别组织的,妇女会,妇女团。在一般的青年救国团的组织中,青年妇女若有三人以上,就得组成青年救国团的妇女小组、支部。因为妇女在历史与社会生活及生理等等,与男子有差别,所受压迫独多,因此对妇女领导须特别注意。第五军的女战士们出色完成了各项艰巨的任务,书写了可歌可泣的辉煌战绩,受到了人民群众的信赖和爱戴。因此,在第五军女战士们出现时,群众奔走相告,亲昵地称呼"第五军妇女团来了!"在群众中已经默契地形成了一个既成的事实。抗联五军的妇女团曾随第五军的大部队转战于吉东地区20余个县。第五军在抗战期间的典型战斗,都曾有第五军妇女团参加的身影,如攻打依兰县城战斗、夜袭前刁翎屯战斗、大盘道伏击战斗、黑瞎子窖截击战斗、五道岗截击战斗、三道通防御战斗、第二路军西征的艰苦斗争等等。

西征部队7月1日出发。五军一师由师长关书范带领300余人为先遣部队。大部队跟随北上。7月2日,袭击了牡丹江西岸三道通日伪军,经过一天激战,突破了敌人的封锁线,夺取了部分给养后,但没有达到消灭敌人抢夺枪支的目的。此时,牡丹江沿岸敌情紧张,中东路南、北被隔断。抗联八军部队与二军五师改向延寿、宾县前进。八军部队对参加西征很不情愿,行动迟缓,此时集中起来就更为困难。在这种情况下,西征部队不能继续期待第二军第五师协同作战行动,于是各部经四道河子、三道河子进入老爷岭,经过150多公里荒无人烟的原始密林地带的艰苦行军,于8日进入到苇河县境,到达了苇河楼山镇西北约40公里的山林中。西征部队在四道河子密营,会合了五军妇女团等后方人员,30余名女兵随军参加西征。在翻越人迹罕至的老爷岭山区时,部队吃的都是野菜,一连三四天,战士们饿得头昏眼花,浑身无力,每天走不多远。战士们往往是一边行军一边采野菜。没有食盐,就用白水煮野菜吃。吃的主要是四叶菜、明叶菜、蕨菜、"长虫把式"、山白菜等。有的同志吃了野菜后,浑身浮肿,走不动路,就互相搀扶,坚持跟着队伍走。

部队在离楼山镇附近待命后,与先遣队会合,部队经过短暂的休整,决定攻打楼山镇,以便获得急需的军需物资。楼山镇是日本侵略者掠夺东北森林的一个重要木材采伐地,设有日本关东军投资经营的木材采伐组织。镇内有伐木工人和商业市民600余户,是苇河县东北部一个较大集镇,该地森林铁路通向中东路亚布力站。经侦察得知,这里驻有日本关东军木材采伐机关,1个守备市镇的伪军中队,另有一支守备森林铁路的白俄中队,还有部分伪警察、自卫团武装。在市街外围及营房附近设有炮台、地堡、暗沟等防御工事。当地的伪军对抗联的到来毫无察觉。西征部队制定了突袭楼山镇的战斗计划,将部队分成奋勇队、没收队、收容队等三个大队,并做好了进攻准备。奋勇队百余名战士,全部携带手枪,趁着夜色,沿着森林小火车铁道,向楼山镇悄悄出发。7月12日拂晓,西征部队出其不意地向楼山镇发起猛攻,一举占领全城。俘虏伪军中队长以下40余人,毙敌多人,缴获机枪2挺、步枪百余支、子弹4万余发以及大量的粮食和军需用品,并炸毁了该镇附近的桥梁和通信设施。抗联部队在楼山镇召开群众大会宣传抗日救国后,迅速撤离。楼山镇战斗是当时这一带最大的军事行动,它打击了敌人嚣张气焰,鼓舞了哈东地区广大人民抗日热情。攻打楼山镇的战斗胜利结束后,随军西征的四军女同志同五军妇女团合并,随五军行动。

楼山镇战斗震惊了日军,它的直接后果之一就是造成了第二路军西征意图的直接暴露,日军次日即从中东路沿线及延寿、方正等地调大批日伪军及白俄兵对西征部队进行追击堵截,五常之敌在拉林河沿线严密布防,阻止我军向西南突入九十五顶子山地区,与汪雅臣会合。西征部队陷入了重围。

为防止被动,西征部队决定分兵行动。第五军军长柴世荣率第五军教导团、第一师二团及救世军东返刁翎。关书范率第五军一师南进横道河子,越过老爷岭与第二军五师会合。李延平、宋一夫率第四军第一、二师和第五军二师继续西征,进军五常。李延平、宋一夫部原计划经苇河、珠河进入五常,但因遇到敌情加上地形不熟悉,误入延寿县境内。这一地区原是抗联第三军的游击根据地,1936年遭到破坏,敌人在这里建立了"集团部落",实行严密的统治。误入这一地区后,多次与日伪军遭遇。在荒沟反击战中,毙伤日伪军30余人。7月末,部队渡过蚂蜒河再入苇河县境内,在这里,与关书范所率领第五军第一师巧遇。原来第五军第一师从楼山镇向横道河子进发后,迷失方向,进入苇河县境。部队会合后决定不再分兵行动,共同西征,待部队西征到五常后再向东进发与第二军五师取得联系。行军途中,西征部队步、骑兵行动参差,因给养缺乏,军马被宰杀充饥,或因缺乏草料而倒毙,结果一些骑兵变成步兵,一些步兵因长久行军极度疲惫,战斗力受到很大影响。为了解决给养问题,联合袭击了珠河县元宝镇"集团部落",得到部分物资,但此战第四、五军牺牲十余人。而后,于8月初来到苇河小五站,在与日军遭遇战中虽然没受大的损失,但破坏中东路的计划未能实现,并且引起了敌人更大的注意。在苇河南沟西大山,西征部队与紧紧追击抗日部队的日伪军发生激战,日伪军死伤40余人,引起敌人震动。日伪当局发现抗联第二路军主力西征的行踪后,随即从哈尔滨、长春调集3 000余兵力,在飞机配合下,展开大"围剿"。由于长途行军,干部战士极度疲惫,加之敌人严密封锁,给养极端缺乏,军马被大量宰食,骑兵变成步兵,远征军步履艰难。在抗联部队战斗连连失利的情况下,部队在一面坡附近遭到敌人追击,在内无给养、外有追兵的关键时刻,又发生了西征部队负责人、中共吉东省委书记、第五军政治部主任宋一夫携带公款叛变投敌事件,使西征部队雪上加霜,对西征行动造成了极大的损害。

宋一夫的叛变,使抗联第二路军西南远征计划全部暴露。8月10日后,西征部队连续袭击珠河县一面坡附近的"集团部落",以及苇河县沙河子、九里地等火车站和"集团部落",得到一些给养补充。为了摆脱日伪军追击,西征部队迅速离开中东铁路南下,于1938年8月中旬进入到五常东部冲河一带山区,这时抗联队伍仅剩200余人。因日伪军严密封锁,以小股部队搜索我军,破坏西征行军,无法与第十军打通联系。经常遭到日伪军的袭击,部队伤亡较大,且给养不足,常常以山菜和野果充饥。干部战士的衣服、鞋子早已破烂不堪,许多人赤足行进在荆棘丛生的山林中。

为了摆脱困境,缩小目标,第四、五军决定分开行动。四军就地寻找机会,渡河南下;五军一师、二师由此向东,进入苇河后,南下舒兰,寻找抗联第十军。之后,不足百人的抗联第四军处境更为艰难。第五军的离去,使第四军的兵力更加单薄,重新发觉到抗联踪迹的日伪军紧紧追了上来。第四军每天都要打仗,他们在李延平、王光宇的率领下,摆脱敌人的围追堵截,隐蔽于小山子附近的密林中,欲与抗联第十军打通联系,以便坚持在五常开展游击活动。

此时,抗联第十军处境也极其艰难。当抗联第十军得知第二路军总指挥部派来的西征部队袭击楼山镇的消息时,准备去苇河接应第四、五军西征部队。第十军部队行进到小山子时,遭到敌人的阻击,战斗中汪雅臣身负重伤,第十军只能撤退回五常九十五顶子山后方基地。随后,敌人的封锁更加的严密,第十军被困在深山密林里,无法出山活动。因此,抗联第四军西征部队与抗联第十军会合的计划未能实现。

1938年9月下旬抗联第四军西征部队急速向五常拉林河前进,紧紧跟随着抗联第四军的敌人察觉其渡河南下西征的意图,在第四军必经之路上设下埋伏,第四军遭到敌人的包围。第四军在冲破日军包围圈时部队失散,60余人被俘,第四军第一师师长曲成山叛变投敌。10月20日,军长李延平在珠河县一面坡西南错草顶子宿营时被叛徒杀害。副军长王光宇率部转战于崇和一带,12月在九十五顶子山战斗中牺牲。至此,东北抗联第四军几乎损失殆尽,第四军是这一时期斗争最英勇、牺牲最惨烈的一支部队,数百名将士用鲜血和生命书写了抗联西征史上最为壮烈的一笔。

李延平,1903年生于吉林延吉小营子村。1932年1月,参加延吉地区中国国民救国军补充团,任副官、作战参谋。同年6月,李延平加入中国共产党。1933年1月任东北抗日救国游击军支队长,率部在东宁、密山一带进行抗日游击活动。同年冬赴苏联莫斯科,入东方劳动者共产主义大学学习。1935年冬回国。1936年春起,李延平任东北抗联第四军代军长、军长,率部开辟富锦、宝清游击区,并建立大叶子沟密营和后方基地。1938年当日伪重兵"讨伐"时,他率第四军主力从宝清出发,参加抗联第二路军西征,指挥部队在勃利东南大小五站、偏脸子和林口阜龙岗、大屯、马当沟及牡丹江三道通等地打击日伪军,后率部进入苇河一带,曾参加指挥袭击楼山镇等战斗。

王光宇,原名王明堂,又名王兴。1911年出生于吉林德惠。1931年九一八事变后参加德惠县反日义勇军。1933年加入中国共产主义青年团,同年底转入中国共产党。1935年先后任东北反日联合军第五军第一师一团政委、二师政治部主任。1936年2月部队改称东北抗日联军第五军,王光宇任第二师师长,率部转战穆棱、密山、依兰等地区,参与组织攻打依兰县城等战斗。1937年9月任抗联第四军副军长。1938年当日伪军"讨伐"佳木斯地区抗联部队期间,与军长李延平率第四军主力参加抗联第二路军西征,曾指挥第四军骑兵进行林口青山站大屯和穆棱杨木背、洞子屯等战斗。7月参加牡丹江三道通战斗后,随部进入苇河一带开展抗日游击活动,曾参加指挥袭击楼山镇等战斗。

抗联第五军于1938年8月下旬在冲河于第四军分开后,袭击了大青川、冲河山林地带敌人的木营,向舒兰方向前进,也遭受了严重的损失。在行军夜间过牤牛河时与日军遭遇,突围中第一、二师失去联系,各自突围。第一师向依兰、方正地区折返,返回刁翎寻找五军总部。第二师突围后在陶净非率领下东返宁安,与第二军五师汇合,转战在额穆、敦化一带。关书范率领第五军第一师转向依兰、方正地区,返回出发地刁翎地区,寻找第五军军部,以汇报此次西征的情况。跟随五军一师折返刁翎地区的有八名女战士,这八名女战士是参加西征的四、五军妇女团的余部。这个团成立于西征之初,由四军被服厂和五军参加西征的女同志组成。经过几个月的长途行军和战斗,现在就只剩下八名女战士了。在西征长达数千里的征程中,她们跟随队伍,穿行在鸟兽集聚而人迹罕至的深山密林中,爬山越岭,风餐露宿,衣服早已破烂不堪,勉强遮体;鞋子换了一双又一双,到了再无可换的时候,就拖着漏底的鞋子前进或煮熟了吃。她们同男同志一道,克服了难以想象的重重困难,用战斗完成了所担负的光荣使命,不愧为中华民族的优秀儿女。在返回的途中,时常发生遭遇战,而且多是猝不及防的恶仗。

冷云等八名女战士在牡丹江沿岸的崇山峻岭中,随五军一师队伍从海林的佛塔密北趟子过了头道河子,在半砬子截获了敌伪山林武警采伐队木营的三条木船,渡过了牡丹江,弃船,沿山道翻越了望天岭,进入了现林口县莲花镇的东柳树河子(东兴)北沟,又攀登过了寒葱河(现林口县境内)等几座大岭,从小锅盔山绕过刁翎的三家子村,奔向柞木岗山东边的草甸子。部队在路过山东屯期间(今林口县莲花镇东兴村,烈士杨贵珍家乡东柳树河子),受到了群众的热情欢迎,老百姓杀了一口猪招待这些抗日将士,长期的作战行军,官兵们终于吃上了一顿饱饭。此后,部队略洗征尘,告别乡亲,又上路了。这支百余人的抗联队伍原打算渡过乌斯浑河,向北马蹄沟、碾子沟行进,到依兰县土城子一带牡丹江边的克斯克山区,去找抗联二路军总部及五军稽查处(联络部)。

1938年9月初,抗联第五军一师在头道河子渡过牡丹江。于11月初到达刁翎第五军后方基地。在折返的途中,第五军第一师部队在林口县乌斯浑河渡口与敌人发生激烈战斗。"八女投江"的英雄事迹就是在这次战斗中发生的。

五、八女投江,天地悲泣

在仅剩的八名女战士中,她们自成一队,坚定地跟随男同志前进,指导员冷云是她们的鼓舞着和领导者。

冷云,原名郑志民,是五军中有名的才女。五军西征之前,她被调到妇女团任指导员,负责整治工作,从此成为妇女团的核心。在她的带领和鼓舞下,西征途中妇女团30余人有牺牲者,有病伤而死者,却没有人开小差,更没有人叛变投敌。女战士的英勇表现,成了五军一师虽仅剩百余人,却没有溃散的重要原因之一。这时,抗联五军妇女团仅剩八名女战士,她们是:指导员冷云、班长杨贵珍、胡秀芝,被服厂厂长安顺福,战士郭桂琴、黄桂清、王惠民、李凤善。

10月中旬的夜里,部队露宿在林口县三家子北部乌斯浑河沿岸的柞木岗山下。由于,这一年的秋季,雨水较大,河水暴涨,渡船又被日伪军毁掉,部队无法渡河,准备于第二天拂晓由附近渡口过河,到依兰喀上喀密营寻找第五军军部。

乌斯浑河,它由杨木河、青山河、鲇鱼河这三条河汇集而成,在张广才岭脚下逶迤流淌,最后注入牡丹江。在满语里,"乌斯浑河"的意思是"一条奔腾汹涌的河"。

柞木岗是牡丹江与其支流乌斯浑河的分水岭。东、西隔水相望的是大、小关门嘴子山。乌斯浑河在这座山中间拐两道湾之后,向北奔流约8000米,注入牡丹江中。这里有渡河道口(哨口),若水浅时,人、马都能涉水而过,周围几十里渺无人烟,比较僻静,是抗联部队的秘密交通线。

此时正是深秋的时节,关外已是寒风刺骨。抗联部队几个月的攀山穿林、长途跋涉,战士的衣服已经破烂不堪,连日的阴雨使衣服就没有干过,深山的跋涉只有野果蘑菇充饥、吃饱是奢望。所以生火取暖是他们露天宿营时熬过寒夜的唯一办法。部队虽明确规定,不准有烟火,以防敌人的偷袭,但第一师师长关书范(后叛变)思想麻痹,解除了行军中的这一条禁令,还是让战士们燃起了几堆篝火取暖。女兵应该是兴奋的,渡过这条河,就要回到军部了。

战士们围在篝火旁擦枪修械,哼唱新编的抗联歌曲,一曲又终,一曲又起。13岁的小姑娘王惠民能歌善舞,她给大家表演了几个节目后,就依偎在正在为男同志缝补衣服的冷云大姐身旁,纠缠着她讲故事。冷云指导员把只有13岁的王惠民搂在怀里,把她两只由于严重缺乏营养而显得枯瘦的小手,掖进自己的胸前给暖和着;小王童心十足,一本正经地述说着将要回到军部的欢乐心情。一向荒寂的乌斯浑河边,充满了活泼的生气。半年来无尽无休的恶战,长途行军的劳累,使战士们衰弱、疲乏极了。大家点燃了篝火,背靠背坐下来,很快进入了梦乡。

篝火,可以给战士们以温暖,也给战士们带来了灾难。篝火暴露了目标,引来了敌人。

就在这暗夜中,日本密探葛海禄(原是李华堂抗日救国军的副官,后叛变投日)像幽灵一样窥探到五军一师的露营地火光。这个铁杆汉奸马上密报附近的日本守备队。葛海禄,汉族,胡子出身,曾经的抗联战士,在第九军当过副官。他深知抗日联军密营的情况和抗日队伍活动规律,这个数典忘祖的败类,无论做什么事,钱和保命才是他的信条,为了这些他能出卖世上的一切。日本守备队的桥本得到消息后立即向刁翎日本守备司令官、大佐熊谷汇报。熊谷大佐,膀大腰粗,蓄着大胡子,亲自率领30来名骑兵,并命令桥本和关景(驻后岗)两个队长各率本部人马立即出动。又纠集了警察指导官岛田、教官佐佐木等部带领刁翎街警察大队、黑背金矿矿警、东岗子山林警察队及伪军赫奎武团计千余人的"讨伐队",趁着夜幕,摸向我抗联五军一师和八女宿营地。由于日伪军一时搞不清抗联部队的底细,未敢夜间攻击,只得诡秘地潜伏在我抗联队伍周围,等天亮看个究竟,再行袭击。日伪军从三面潜伏在抗联队伍的周围,伺机进攻。

黎明前,抗联五军第一师整装待发。师长命令会洑水的金石峰参谋先行带领八位女战士过河。她们在妇女团指导员冷云的带领下走向河边,金参谋为了试探河水的深浅,很快被江水吞没,他呛了一口水,游了起来,一边回头向岸上的女战士喊道:"这里不能徒涉,向别的地方徒涉点转移!"八名女战士正在岸边等待重新寻找过河点时,金石峰刚涉水到达河对岸,见宿营地枪声大作,敌人从后面打上来。部队遭受到了突如其来的袭击。沿着山边两侧包抄过来的敌人,一开始并没有发现八名女战士。关书范正带领五军一师的部队顺山坡而下,敌人首先发现的是他们。第一师立即投入到突围的恶战中。部队一边向敌人还击一边向柞木岗山里撤退,八名女战士被敌人火力隔在岸边。此时,冷云及时命令女战士躲进江边的柳树毛丛,前面是滔滔的江水,后面是敌人的追兵。东北的大小河流,两岸几乎没有例外的都是柳树丛,南满叫"柳毛子""柳树毛子""柳毛棵子",吉东叫"柳条通"。这种柳树,通常为手指到擀面杖粗细,几米高,一簇簇密密匝匝的,沿河两岸铺排开去,下面是膝盖高低的茅草。抗联战士身经百战,遭到袭击后很快组织起反击并转移。当时有两个方案,一是向东渡河、二是向西进入密林。显然方案二是更好的选择,但此次敌人人多火力猛、紧咬不放,形势越来越危急!隐蔽在柳条后面的冷云指导员见敌人还在尾追向西撤退的抗联队伍,果断做出了一个决定,将敌人引向自己,帮助师长和男同志们突围!她便毅然命令:"同志们,快向敌人开火,把他们引过来,让大家突围。"

敌人见背后受到袭击,迅速停止追击抗联一师主力部队,调转枪口向八位女战士扑来。

冷云等八名女战士分成3个战斗小组,向敌人猛烈射击。八名女战士用的是短枪,没有重火力,她们没有胆怯。而在她们扣动扳机的瞬间,应该说就没有想到自己,就义无反顾地把自己置于了绝地——这才是她们从投入战斗到投江的本质意义和强者精神。

由于她们主动吸引敌人的火力,使第一师主力部队得以迅速摆脱敌人追击,转移到柞木岗山里。

突围部队见此现状,速派人向敌发起反冲锋,想杀开一条血路,将八名女战士接应出来。然而,敌人凭借人多势众,又占据制高点,用重火力控制住了山口,切断了大部队同八位女战士的联系。抗联反冲锋队伍不但未能成功,反而造成伤亡加重,被处于绝境的八名女战士看得一清二楚。

冷云意识到如果部队恋战下去,就有全军覆灭的可能。她通知其他7位同志齐声喊话:"同志们!冲出去!保住手中枪,抗日到底!"于是,女战士们大声喊道:"同志们不要管我们,快冲出去!保住手中的枪,就能抗战到底!"大队听到了她们的喊声,指挥员同志想再作一次努力,然而,敌人装备精良、人多势众,大队连续两次冲锋都没有成功,负伤的战士越来越多。如果同敌人硬拼下去,大队有再遭包围,全军覆没的危险。于是,为了继续抗日,为了革命事业,大队指挥员忍痛下令,队伍向西山柞木岗的密林里撤去。

日伪军见抗联大部队已经转移到山里,要尾追上去,牵制住已经不可能,就集中兵力向冷云她们猛扑过来。

"同志们,要注意节省子弹,等敌人靠近时再打!"冷云小声地通知着她的战友。八名女战士停止了射击,柳条通里静了下来。除了敌人射击的子弹在头上呼啸而外,柳条通里静得出奇。冷云爬到另外两个小组跟前,让她们再拉开一些距离,同时检查了同志们的子弹、手榴弹。确实,她们的子弹不多了。冷云同安顺福、胡秀芝、杨贵珍碰过头,让她们作好应急准备。

冷云等同志发现敌人采用"羊群战术",就研究决定利用手榴弹在羊群窝里开花的打法,以茂盛的柳条通为蔽障,屏住呼吸,专等敌人挨近前沿阵地的时候,她才大喊一声"打!"四颗手榴弹同时飞入敌群。在"轰轰"的天崩地裂的雷鸣中,敌人血肉横飞,炸倒一片,快腿的敌人屁滚尿流地逃遁远去。在冷云等八女英勇打击下,敌人懵头懵脑,惊恐万状,只得紧紧地趴在地上,躲在草丛里,向河岸的柳条通里胡乱打枪。"同志们,要注意节省子弹,等敌人靠近时再打!"冷云小声地通知战友。同志们乘敌我两军僵峙之隙,检查了武器弹药。指导员冷云则冒着敌方呼啸而来的子弹流,匍匐巡视了另两个战斗小组,让大家拉开些距离,再选择好隐蔽地段,并同安顺福、胡秀芝、杨贵珍几位共产党员班长碰过头,商量了作好"应急之策"。女战士们手里紧握着步枪,冷峻地注视着阵地的前方,在那一张张被战火熏黑的脸上,充满了坚毅的神色。

太阳从地平线上升起来了,深秋的高空万里无云,只是这乌斯浑河西岸边的上方弥漫着硝烟。冷云抬起沾满灰土的脸,没理睬敌人密集的射击,审视着四周,尤其是河边的地形。她们所在的地势很不利,河岸上光秃秃的,距离柳条通还有十来米;本来可以隐身的荒草有的被敌人的枪弹扫倒了,有的被炮火烧着了;身后几百米宽的河里翻着浪花,汹涌奔腾向北流去;河对岸大小关门嘴子山,经霜的柞树叶子红彤彤的,在阳光下闪闪发光,她们所在的柳条通和四周毫无联系,想要借它隐身撤退是不可能的。

正当此时,敌人的迫击炮对准岸边的柳条连续发射,周围荒草炽烈地燃烧起来,浓烟向河边滚动,柳毛丛被炸平了,隐身的屏障物被毁尽了。冷云同志见状,刚要下令向河岸坎下撤退时,狡猾的敌人趁着炮火掩护,又向八女阵地发起大规模的冲锋。这次敌人兵分三路并进,大批正面突击,另有两股迂回侧翼,形成三面包剿之势,嚣张气焰不可一世。敌人凶神恶煞般地咄咄进逼而来。八名抗联女战士同时迎击三面之敌,她们一边射击,一边向敌群中投掷手榴弹。猛烈的爆炸阻止了敌人的脚步。硝烟散去,顽敌又冲上来了,八女的第二批手榴弹又在敌群中开了花,炸得日伪军鬼哭狼嚎,死伤惨重,丧魂落魄,抱头鼠窜。

此时此刻,她们只有两条路:一是被敌人活捉,一是冒死渡河。这时,八名女战士早已把个人的生死置之度外了。几个月的转战,有多少个亲密战友倒在了她们的身边?她们曾为战友的牺牲而流过多少泪水?但是她们谁也没有胆怯过,而是等待着献身祖国的时刻。她们知道,这个时刻终于来了。她们决心追随牺牲的战友,为中华民族的解放事业,献上一腔热血,献上年轻生命。

冷云下命令果断决定渡江。这样既能牵制住敌人的火力,又能使营救自己的同志们尽快突围。她向大家说:"同志们!咱们是共产党员,抗联战士宁死也不做俘房!现在咱们弹尽援绝了,只有趟水过河。能过去,就找到军部继续抗日战斗到底,过不去,宁肯死在河里!为祖国的解放事业而战死,是我们的最大光荣!"

"指导员说得对!咱们宁可站着死,也不跪着生!过河!"安顺福坚决地响应。

"对!过河!"其他六名女战士一致同意。

"好!咱们还有三颗手榴弹,一定要用在节骨眼上!"冷云的话刚说完,敌人又怪叫着冲上来。他们边冲边喊:"赶快投降!投降!捉活的!捉活的!"

只有班长胡秀芝不愿意跳江。有着丰富作战经验的胡班长并不是怕死不敢往江里跳,她是想留下来做掩护,以牺牲自己,引开敌人。她大声说:"姐妹们!咱们已弹尽粮绝,能趟河过去的就继续抗日,过不去的宁愿死也不当俘虏! 我来掩护大家!"

"不行,要死大家一起死,要活大家一起活!"冷云斩钉截铁地说。大家在子弹打光、后退无路的紧急时刻,把仅有的三颗手榴弹投向敌人。

突然,一颗子弹飞来打中王惠民的胸部,殷红的鲜血从她的左胸涌出。当冷云上前抱王惠民时,又飞来一颗子弹击中冷云的左腕。郭桂芹急忙扶助冷云,安顺福赶上去双手抱住小王。这时臂膀受伤的胡班长也追上来和安顺福一起架着 13 岁的王惠民。一千多名日伪军全部向八名女战士扑来。所有的刺刀都闪着寒光,每一个敌人都哇哇叫着,一步步逼近江边。很快,他们意识到女战士们的枪里没有了子弹,慢慢地涌了上来,要活捉这些军衣褴褛的女抗联。安顺福、胡秀芝、李凤善、王惠民脱下自己的衣服扑打着烧向身边的大火。随后,冷云架起负伤的战友,带领七位女战士借着荒草燃烧的浓烟,迅速撤到河边土坎下。

这时敌人看到了惊心动魄的一幕:在弹尽援绝之际,八名女战士宁死不屈,你拉着我,我扶着她,毅然决然步入浪花翻滚的乌斯浑河。

没有口号和歌唱,没有呜咽和眼泪,有的只是刚毅的眼神和视死如归的神情。一切都很平静。但是日寇惊呆了,站住了。八名女战士走进了江水,没有停步;江流淹没了她们的双腿,仍没有停步;河水波涛汹涌,冲击着两岸,愤怒地咆哮着。越来越深的河水已经淹没了她们的身体,越来越大的浪潮已经冲进了她们浑身的气力。

"挺住! 能看得出江对面的轮廓了,咬咬牙挺过去就是胜利!"冷云不时地提醒大家。

这时,敌人抢占了山坡上的烟筒砬子山,架起机枪向她们扫射。愚蠢凶残的敌人此时才恍然醒悟:抵抗她们的竟然是中国八名妇女。

于是,日军幻想用活命和金钱引诱她们,便在河边大喊:"捉活的! 捉活的! 回来啊,上河岸来! 金钱大大的有,生命的保障!"回答敌人的只有女战士的怒骂声和乌斯浑河汹涌奔流的嘲笑声。

日军看见把他们数千兵马拖在河边三四个小时,并击毙了他们十多个人的竟是几个抗联女战士,真是气得发昏。黔驴技穷的日本熊本大佐更加歇斯底里:"打! 统统的打死!"罪恶的子弹,向她们射出。女战士们忽而倒在浪花里,忽而又挺立在激流中……这时敌人的一颗迫击炮弹在她们身边爆炸,掀起了一股巨浪,巨浪过后,再也见不到女英雄们的身影。余下的是一片激流滚滚、浪花飞腾的河水。

平静了,乌斯浑河两岸是那样的平静。东岸大小关门嘴子山上的柞树叶子一片红彤彤。西岸、西岸的远处,柳条通前面、两侧,炮火给地面留下了一片焦黑。焦黑的土地上倒卧着敌人横七竖八的尸体;还有,就是被八女投江这悲壮场面惊得呆若木鸡似的日本守备队和伪军。

面对宁死不屈的八名抗联女战士,凶狠的日军震惊了,他们怎么也想不到被侵略的中国人民身上竟蕴藏着如此之强的抗战信念,日军自以为天下第一的武士道精神在八名女战士弱小的身躯前,竟显得不堪一击。目睹这一幕的日军指挥官这样喟叹:"连女人都不怕死,中国灭亡不了!"目睹八女投江殉国悲壮史实的金参谋也爱莫能助,只好潜水死里逃生。

乌斯浑河的浊浪,淹没了八名女战士的身躯。八名年轻的抗联女战士,为中华民族的解放慷慨献出了自己宝贵的生命,但"八女投江"的英雄传说,却在中华大地上流传下来,冷云和她的姐妹们,随着呜咽的江流,进入了永生。

八名女战士都处于青春的花季:冷云 23 岁,安顺福 23 岁,胡秀芝 20 岁,黄桂清 20 岁,李凤善 20 岁,杨贵珍 18 岁,郭桂琴 16 岁,而王惠民仅才 13 岁。名垂千古的"八女投江"中的安顺福、李凤善是朝鲜族女战士。她们的生命永远停留在这个夏花般灿烂的年龄,标芳青史。

在整个东北 14 年抗战期间,很少有女战士叛变投敌。她们克服生理上和心理上的困难,承受比男战士更大的痛苦,在柔弱的外表下,涌动着无比坚韧的力量,支撑着她们在极度险恶的环境下,与男战士一样英勇斗争,流血牺牲。

"八女投江"的英雄事迹鼓舞着广大抗联战士为中华民族的解放而英勇杀敌,抗战到底,体现了中华儿女为民族解放事业敢于与日军血战到底的英雄气概。没有过河的抗联五军第一师战士们含泪告别了八名女战士,继续与敌人周旋,最终返回了第五军密营根据地。

据抗联老战士胡真一回忆,在 1939 年的春天,柴世荣派遣了一支由 20 余人组成的小部队,沿着乌斯浑河下游搜寻八位女战士的遗骸。"走着走着,柳树毛子那边好像有什么东西,就拿棍子扒那个地方,里面是个包,是我们抗联女同志背的包,包里有老百姓给的两三根萝卜,还有炒面。""将八具尸体在那河边上摆着,她们的衣服都没烂,还是整整齐齐的,没有背包了,背包掉了。""留了半天挖了几个坑,就把这八个女的埋了。"①

东北抗联第二路军总指挥周保中得知此事后,在当年 11 月 4 日的日记中写道:"我五军关书范师长于西南远征归抵刁翎,半月前拟在三家方向渡过乌斯浑河,拂晓正渡之际,受日贼河东岸之伏兵袭击。……妇女冷云、杨贵珍等八人悉行溺江捐躯。宝清有我联军第五军第三师八团一连激战日贼及伪蒙军之烈士山,乌斯浑河畔牡丹江岸将来应有烈女标芳。"

八年之后的 1946 年,身在北满的冯仲云对冷云做出决议,可见八位女战士的壮举在当时的影响力。"大家在举火做饭的当儿,忽然被敌人三面包围上来,前面是江,只有这队的男游击队员会洇水的,都洇过去了。但是所剩下的她和七名妇女都望洋兴叹,况且那时又当牡丹江秋水泛滥的时候,水势又非常地急,她们八人宁死不肯被敌人所俘,她们一同视死如归地,投入怒涛中去了。"

1948 年秋,女作家颜一烟准备以"八女投江"为题材写一个电影剧本。她找到了冯仲云,冯仲云给她讲了许多气壮山河、光彩照人的英雄故事。当她说准备写"八女投江"时,冯仲云立刻说:"太值得一写了!"冯仲云还给她开了介绍信,为她提供了许多采访的方便条件。剧本初稿写完后,颜一烟又请冯仲云审阅,并就能否虚构等问题征求冯仲云的意见。冯仲云看完剧本后非常肯定地说:"当然可以,艺术不是照相。你这样写,虽然对八位女英雄来说不是真人真事;可是对整个抗联说来,就是真人真事,因为你表现了当时抗联的真实。"

最为悲痛的是八位女战士的亲人。其中,冷云的母亲因为想念女儿哭瞎了双眼;杨贵珍的父亲在 1962 年才得知女儿早已经牺牲。战友们千方百计地想找到冷云与安顺福当年送给老乡的孩子,可惜至今没有下落。

曾在东北参加抗日游击战争,后成为朝鲜劳动党和国家领导人的金日成同志,在其回忆录《金日成回忆录——与世纪同行》一书中回忆道:北满游击队里的安顺福、李凤善等八名缝纫队员,同压缩包围圈、步步逼近的敌人打了殊死之战,最后眼看被敌人逮捕,就一同投入江中,献出了正当芳年的宝贵生命。类似的事情,在东满的女队员中也有。有七名女队员去奶头山的途中被敌人包围,在无法突围的情

① 国家图书馆中国记忆项目中心编:《我的抗联岁月:东北抗日联军战士口述史》,中信出版社 2016 年版,第 111~112 页。

周保中日记中记录的八位女战士牺牲情况

况下,毅然投进富尔和河,献出了青春。她们的壮烈牺牲,以新的传奇载入了抗日革命史册。有一年,我在访问中国的时候,看了描写牡丹江八烈女斗争事迹的电影,深受感动。

2008 年 10 月 20 日,在八女投江 70 周年纪念日这天,林口县委、县政府在乌斯浑河畔八女牺牲地举行了隆重的纪念活动。面对涛涛的乌斯浑河水,耄耋老人冯文礼如雕塑般伫立。他刚刚从周保中将军当年的警卫员刘玉泉口中得知,自己苦苦寻觅了半个多世纪的恋人郭桂琴,早已殉国。涛声波影里,映出的是郭桂琴 17 岁的俊秀面庞。冯文礼的思绪飞回到了 70 年前与郭桂琴分别时的情景:那天,羞涩的郭桂琴给即将随军西征的他送来了手套和围巾,他则回赠给少女一方手帕。小小的礼物凝聚着少男少女千丝万缕的脉脉温情,闪烁着人性和善的光芒。南征北战中,冯文礼常常将藏在身上的礼物捧在手里,忆念着恋人甜美的笑容。这份情意,随着岁月的年轮愈发沉重。如果郭桂琴还活着,应该是 87 岁了,他们膝下一定是儿孙满堂了。

然而,残酷的战争,带给亲情、爱情的是永远的创伤。

为了纪念先烈,弘扬八女英烈的爱国不屈的精神,1988 年 8 月 1 日,牡丹江市人民政府建立起一座巨型的由全国政协主席邓颖超题名的"八女投江"纪念碑。全国政协副主席、全国妇联主席康克清为工程奠基题词:"八女英灵,永存史册!"

六、艰苦征战

抗联第二路军的西征历时五个多月,最终遭受严重挫折。西征使第二路军完全失去了第四军、第五军的大部分主力部队,这意味着抗联第二路军主力部队大部分被歼灭,在下江地区的处境更加恶化。

西征的失败还造成了一部分部队和指挥员的理想信念动摇,周保中和整个抗联第二路军又到了一个生死的关头。由于当时是处在敌强我弱、对我不利的形势之下,又与党中央断绝了联系,1938 年以后,东北抗联斗争进入了艰苦阶段,中东铁路道南又是日伪统治比较巩固的地区。在这种情况下,抗联部队向敌人统治中心地带五常转移,并打算在那里开辟新的游击区,是相当困难的。由于全国抗战形势对于东北的影响估计过高,对 1938 年东北急转直下的严重局面估计不足,对中东铁路沿线和道南的情况不甚清楚,第二路军所确定的西征计划与客观实际产生了距离。加之,西征部队的直接领导们改变了吉东省委和第二路军总部制定的具体行动计划,集中一路向五常进军,这就更便于敌人的围剿和追击。此外,五常、舒兰地区已被敌人严密控制,抗联部队得不到群众的有力支持。在极端困难的时候,参加西征的主要领导干部信念不坚定,有的甚至叛变投敌,影响了部队的士气和战斗力,加重了西征部队的损失。所以,这次西征行军没有达到恢复哈东旧区和打通与东南满抗日部队的联系的目的,抗联第四军和第五军部队也遭受到严重的损失。

抗联第二路军西征的行动是中共吉东省委部署的一次重大军事行动,前后历时7个多月,战斗百余次,毙伤日伪军1 000余人,但付出了惨重的代价,未能达到预期目的。在西征中,抗联第四军主力损失三分之二,抗联第五军主力损失二分之一。1939年4月25日,中共吉东省委执行部在《西征经过的通知》中分析了这次军事行动失败的原因。认为主要是由于抗联第二路军远征领导人在认识和指挥上存有失误,改变了原定的远征计划;没有顾及敌强我弱的力量对比,而向日伪统治的强化地带孤军深入;对各部队的统一指挥和相互配合不力;缺乏强有力的群众工作和思想政治工作,加之远征领导者宋一夫叛逃,结果导致了远征的失败。① 西征虽然失败了,但这次军事行动的意义在于:打乱了敌人重点"围剿"松花江下游地区抗日部队的计划,分散和牵制了敌人的兵力,攻袭了许多敌人的据点、"集团部落",破坏了敌人的军事设施。西征部队在所到之处狠狠打击敌人,使敌伪本以相对稳定的殖民秩序又陷入了混乱,掀起了抗日的波澜。同时,西征部队策应配合了松花江下游地区其他抗联部队的转移,向广大群众宣传抗日救国的真理,使在敌人重压之下的人民群众,又一次看到了光复祖国的希望,扩大了抗联在群众中的影响。西征部队艰苦卓绝、英勇牺牲奋斗的事迹,如"八女投江"等可歌可泣的壮烈行动,体现了中国人民不甘屈服的高度爱国主义精神,鼓舞和激励东北人民群众和广大抗战战士对取得抗战胜利的斗争决心和顽强意志。

西征闪烁着东北抗联精神的光辉。在西征途中,在极端艰苦的环境中,抗联将士坚忍不拔,与敌人苦斗周旋,"火烤胸前暖,风吹背后寒"。这一切体现了以爱国主义为核心,包括忠贞报国、艰苦奋斗、英勇拼搏、不屈不挠、不惧牺牲、国际主义等精神在内的东北抗联精神。它是伟大的抗战精神的具体体现,也是中华民族精神的重要组成部分。

1938年底,日伪将围歼的主要目标放在抗联第二路军总支部和五军军部。周

---

① 《中共吉东省委执行部关于西征经过的通知》(1939年4月25日),存中共黑龙江省委党史研究室。

保中率领的第二路军和直属队80多人，被敌人围困了20余天，一直躲在山洞里。在十分危急的情况下，部队中出现动摇的情绪，投敌、叛变、逃亡者增加。五军一师师长关书范本应该受到八名女战士的激励，更加顽强地进行抗日斗争。但没承想关书范却吓破了胆，他在部队中散布：在险恶的情势下，应当灵活运用马列主义原则，允许同敌人暂时妥协，实行假投降，保存实力，以图再举。他借口深入侦察敌情秘密前往敌据点三通道会见日本特务小林、齐腾，并同他们一同赴佳木斯会见日军北部顾问，达成投降协定。1939年1月6日，周保中得知关书范投敌消息后，立即在牡丹江东岸柳树河子召开吉东省委干部会议。会议作出将关书范开除出党，撤销其党内外职务，处以死刑的决定，并通告各处随处捕捉，就地枪决。1月15日，关书范身着日本军服，随敌工作班人员乘汽车来到刁翎，企图对五军部队进行改编。即使从山下穿了一身日本军装回来见自己的军长柴世荣，他也不认为自己的行动是动摇和投降，而是"假投降"。他劝柴世荣"留得青山在，不怕没柴烧"，只要把队伍设法保存下来，就会有"东山再起"的机会。柴世荣大惊，急报周保中。周保中大怒，令五军军部马上移到二路军总部的密营来，他告诉柴世荣，什么"假投降"，这是真投降，是在斗争进入最艰苦时刻首开的投敌之风！这个口子一开，吉东的抗日大局就将崩溃！这样的行为，决不能宽恕！他让柴世荣引关书范上山，立即将其逮捕，公布其罪状，执行枪决！吉东省委立即将关书范逮捕，向他出示判决书。被逮捕之后，面对盛怒中的周保中，他又"悔悟"了。他不但涕泪交流地承认了自己的错误，还以人死言善的语气，向周交代了他和日本人的所有交易，尤其重要的是他向周保中讲了日本人已经从他口中知道了我军的哪些密营。在枪决他之后，待在这些密营的我军一定要迅速转移。枪决关书范之时，周保中流下了痛恨交加的泪水。

在当天的日记里，周保中极其罕见地用长达一千多字的篇幅，记下了关书范的生平，虽然义正词严，可那种隐隐的痛惜之意仍然能让我们感觉到为一个叛徒的死写下这么多文字，在70万字的《周保中将军游击日记》里，是仅有的一次。"关始自悔，但求宽恕而已。抗日救国不可侮，政治立场不能变，军事纪律不能苟且徇情，将关书范就现地执行枪决。翌日集合五军刁翎部队全体，宣布罪状并告勉力，整顿内部，士气高昂，愿为党和中国民族解放事业效忠到底。"17日周保中在东柳树河子，"向五军刁翎部队全体宣布关书范处死经过，训勉大家抗日救国，誓死坚持到底。"大家对关书范的罪行无不义愤填膺,一致拥护省委的决定,一致表示要高举民族革命战争的旗帜,战斗到最后胜利,决不丧失革命气节,决不玷污伟大的革命战士的光荣称号! 今天,英雄和叛徒都已离去,唯有乌斯浑河畔记载着民族危亡时刻的忠诚与背叛。如果江河亦有生命,它将穷极一生为八位女战士低吟着挽歌。

出卖抗联的汉奸葛海禄:据抗联老战士刘广友后来回忆说:那年秋雨多,河水暴涨,过不去河,沿河的船只早被鬼子搜去了。天冷得很,部队夜晚在红土崖子附近弄火取暖。生出的烟雾被一个叫葛海禄的汉奸发现了,据说葛海禄是去样子沟下屯豆腐坊找"西施"撩情时,发现岸边有火光,他跑去日本守备队告了密,桥本队长立即挂电话,向刁翎日本驻军司令长官熊谷报告,熊谷大佐亲自率领本部人马出动,在葛海禄的引领下,摸向抗联营地。拂晓时分,战斗打响,日伪军近千人,火力很凶。由于葛海禄的告密,导致抗联部队被偷袭、八名抗联女战士牺牲。1948年,东北全境解放了,解放军进驻刁翎镇,葛海禄自知末日来临,就与老婆、大儿子一家三口上吊自杀了;但另一说是,1955年,葛海禄被揭发出来后经公审被枪毙。不管怎样,汉奸总会有罪有应得的下场,葛海禄的汉奸下场可谓死有余辜;同时,林口县与葛海禄沾亲带故的人家都悄然远走他乡,或许他们也感到没了光彩。

叛变投敌的宋一夫:抗联第二路军西征部队在楼山镇战役后,由于部队的损失较大,宋一夫携款潜逃,投靠日军。后来,宋一夫被日军派往北满的"巴木东"地区,刺探抗日救国会的情报,导致1943年"巴木东惨案"的发生,有420人被捕入狱,35人被杀害。1939年2月1日,中共吉东省委执行部发出通告,永远开除宋一夫的党籍;1946年,宋一夫被哈尔滨人民政府判处死刑。

八女投江后不久,抗联第二路军总指挥周保中率领部队与突围出去的一师汇合,包围了日寇熊谷大佐的驻地。熊谷十分沮丧地表示不战,他很悲哀地说:中国女人是那样的英雄,死了的不怕,中国是灭亡不了的。说完熊谷剖腹自杀。

第二路军的西征,只有抗联五军第二师政治部主任陶净非率领西征部队部分兵力战胜种种艰难,辗转于五常、额穆、敦化、宁安等县,继续与敌人周旋斗争,在与抗联第一路军第二军五师陈翰章取得联系后,在沙河沿林子的密营里度过了1938年这个最艰难的冬天。

1938年1月28日,赵尚志起草了东北抗联第三军司令部悼念烈士祭文,今天读来仍悲壮感人,让我们再读一遍下面这段文字:

"九一八"祸起萧墙未几,我东北四省沦亡殆尽。当次之时,凡有血气者,不下千百万计。群众举抗日之大红旗、树复土之决心、兴救国之大志、期祖国恢复于将来,此皆足以表现我大中华民族未为无多少救国之志士!此虽以不能寒敌胆,借资亦能挫尽敌之野心。是以我亲爱的同志们,有因身先士卒奋不顾身而战死者,或因失于军机而战死者,此皆不过为国为民而壮烈牺牲!以一点热血染于沙场,灭日寇之野心,艰辛恢复四省以偿素志。壮矣哉!威撼全满洲,勇矣哉!日寇丧胆披靡。留芳名兮于万世,身先士卒兮为同志去,大丈夫舍身殉国,其志可嘉钦。誓扫兮谋中华民族之解放,认不屈不挠之精神兮纵横全满洲,拼命沙场兮同志们壮举。痛乎!痛乎!国未复而身先逝,遗恨于九泉。惨矣哉!壮士流洒殆尽,僵且尤在视仇,烈士流芳不朽,简编竹帛。凡我同志,魂其有灵,伏基来格来飨。

白水苍苍,黑水泱泱,抗联征途,山高水长。东北抗日联军英烈们所建树的丰功伟绩,将永载中国共产党、中国人民解放军的光辉史册中,将永远为全党、全军和全国各族人民所铭记,并将转化为实现中华民族伟大复兴的强大力量!

第三章 考证与还原

一、史学界关于"八女投江"研究概况

有关于"八女投江"的历史研究,是从 1946 年东北解放后开始的。在 20 世纪 40 至 50 年代,研究深入不足,没有进入到历史史实的系统考证阶段。1962 年之后,随着东北烈士纪念馆温野老师的带队考证,使八女投江的历史真相逐渐向世人揭开。"文革"开始后,许多参加过抗联的老战士相继被"打倒",研究进入到了冷淡状态,甚至出现停滞不前的状况。改革开放以后,东北抗联史的研究渐驱复苏,进入到了党史军史界研究的春天,随着大量历史资料的重新考证,相关问题的研究也得到了客观公正的结果。史学界和地方民间的研究学者进行了多次实地考证,并采访了相关当事人,形成了口述史和回忆录,为深入研究积攒了大量的历史史料。自 1995 年纪念抗战胜利 50 周年始,大量的关于"八女"研究的书籍及论文公开出版和发表,使英雄伟绩世人皆知。

根据于春芳老师在《八女投江史实考》一书中对"八女投江"史实的宣传阶段进行了梳理,80 年来,"八女投江"的宣传,可分为由抗联内部传诵到全民歌颂、由传说式"故事"到考证还原历史史实的过程。

从宣传的广度看,可分为抗联内部传诵阶段和全民歌颂时期。

抗联内部传诵阶段:从八女殉国之日(1938 年 10 月 20 日)起至 1947 年末。以刘广友"每当抗联队伍路过'八女投江'殉难地,大家都默默哀悼烈士,并且下决心:学习八名女英雄,誓死不投降,抗战到底!"和徐云卿听李文彬师长讲述"八女投江"的故事、冯仲云在《东北抗日联军十四年苦斗简史》中对"八女投江"的简述为佐证。

全民歌颂时期:从 1948 年至今。以颜一烟的电影剧本《中华女儿》为起点。

从史实的角度讲，经历了从"故事"梗概到考证还原史实的过程。大体可分为简史阶段、奠基阶段和完善阶段。

简史阶段：从八女壮烈殉国之日至 1959 年末。以周保中 1938 年 11 月 4 日的"日记"为标志。日记虽然仅有 300 字，却将"八女投江"的时间、地点、简要经过、主要人物和历史评价均已交代清楚。

奠基阶段：从 1960 年至 1966 年。以徐云卿的《英雄的姐妹》为起始，以温野老师的《东北抗日联军"八女投江"事迹新探》考证文章为标志，奠定了"八女投江"的史实基础。后由于"文化大革命"的干扰破坏，使"八女投江"史的研究工作被迫停止。

完善阶段："文化大革命"之后，恢复了对"八女投江"史的研究。以温野老师 1982 年 11 月 30 日《牡丹江岸　烈女标芳——记冷云和"八女投江"》的文章为标志，使此问题研究进入了新阶段。

学界关于"八女投江"的史实，多见于各种报刊及书籍，对于八女投江的殉难地其中有三个版本。第一个版本是八女的领导、战友记录、回忆及史学工作者考证确认的"八女投江"。第二个版本是刁翎地区人民以八女故里之情传说的"八女投江"。第三个版本是以牡丹江为源流形成的"八女投江"。

有关著作的出版情况。徐文芳编著的《八女投江文史辑》，1986 年由牡丹江市志编审委员会办公室内部发行，该书收录了大量有关八女的历史史实考证调研文章，是研究"八女投江"历史最为权威的史料书。在书中的《"八女投江"史实考证》一文中，对八女投江的准确时间、投江的确切地点、"八女投江"中各位女英烈的传略、迫使八女投江的罪魁、八女主动掩护大队转移的战绩、"八女投江"的幸存者说、"八女投江"之名的由来等学界研究的情况做了详细介绍。由黑龙江省牡丹江市志编审委员会办公室、林口县志编纂委员会办公室编写的《"八女投江"史料选辑》中收录了金世峰、郑殿臣、董仙桥、董杰等人的回忆文章。于春芳著的《八女颂》由中国文史出版社 2008 年出版，该书包括家仇国恨、密营花灿、峥嵘岁月、转战御敌、投江殉国、魂牵乡情等篇章。该书的"八女投江"调研纪实，其中有八女生辰殉难时间查考、八女成长示意图、八女小传、八女投江、心灵的回应、永留玉容在人间、"八女投江"史实的几位关键见证人和考证人简介等。姜宝才在其专著《抗联记忆》一书中，以"烈女标芳"为题，详细介绍了"八女投江"的历史考证情况，在书中引用胡真一和金世峰的回忆,还原了历史的真实,并将八位女战士的生平进行了考证,做了介绍。赵延民、姜靖榆编著的《惊天地泣鬼神的八女投江》由吉林人民出版社 2011 年出版,该书由英勇不屈的东北抗日联军、气壮山河的八位抗联女英雄组成。于春芳著述的《东北抗日联军林口遗址与战事》一书,2011 年由黑龙江人民出版社再版发行。书中对“八女投江”殉难地的考证情况作了介绍,略传了八位女战士的生平事迹。书中对“八女投江”的史实进行了补正,包括八女生辰及殉难时间考察、胡真一诉说搜寻八女遗体的经过、“八女投江”英烈姓名考、在“八女投江”的壮举中是否还有除金世峰之外的幸存者、特务葛海禄是怎样“发现”八女战友露营地等。书中的最后篇章介绍了弘扬八女精神的林口人及“八女投江”遗址纪念工程。国家图书馆中国记忆项目中心编写的《我的抗联岁月:东北抗日联军战士口述史》,2016 年由中信出版集团出版。书中收录了抗联老战士胡真一对“八女投江”的回忆——《“对日本子我恨,也有家仇也有国恨”——“八女投江”的见证人胡真一》,这篇口述史是抗联学者姜宝才 2006 年在重庆胡真一家中对她的采访记录。这篇口述史由“对日本子我恨,也有家仇也有国恨”、读书报仇、从军之路、青春抗联、痛失战友、“八女投江”等部分组成。重点回忆了八女参加战斗的经过,对郭桂琴、王惠民的生平做了回忆,最后详述了战斗结束后寻找八位女战士遗骸及掩埋的情况。

有关论文的研究情况。杨子忱的《冷云传奇——“八女投江主要人物纪实”》发表在《党史纵横》1995 年第 3 期,一文述略了冷云英雄的一生。傅春梅的《试述“八女投江”的历史作用和现实意义》发表在《世纪桥》1998 年第 4 期,文中提出“八女投江”的形象是集中体现中华之魂的典范,突出表现了中华民族的优秀品格和高尚情操。主要特征是勤劳笃实、团结奋进和坚贞不屈。“八女投江”等英烈们坚定了中国人民抗战到底的决心和信心,以悲壮的业绩鼓舞了抗日军民的战斗热情,以抗战必胜的信念预示了日本侵略者末日的来临。“八女投江”的现实意义,一是中国人要有志气、有信心使自己强大起来;二是要使中国强大起来,必须有苦干实干的斗争精神;三是走强国富民之路,必须要坚持党的领导。刘颖的《东北林口“八女投江”追记》一文,以在西征路上、乌斯浑河畔、秋水葬英魂为标题详述了“八女投江”的经过。李世昌、王迪礼的《我们黑龙江的骄傲——纪念“八女投江”抗日殉国 70 周年》一文,把“八女投江”的历史背景、殉国经过、人物介绍等,整理成资料文稿做了详细介绍。文章写道我们要永远学习她们为捍卫中华民族伟大尊严所表现出的反抗侵略精神、不怕牺牲精神、顾全大局精神和决战到底精神。最后,我们以最崇敬的心情,告慰中华民族的八女英烈:今天,我们伟大祖国,在改革开放、建设有中国特色的社会主义的伟大征程中,已经发生了翻天覆地的变化,昂扬于世界民族之林!人民过着幸福的生活。你们的爱国献身精神,是宝贵的精神财富,我们要永远学习!你们的功绩垂青史,英气存世间,我们要永远纪念!你们的壮丽年华英姿,永远活在我们的心中,激励我们奋勇前进!白宇的《青山处处埋忠骨 江水滔滔祭英魂——追忆抗联女英雄冷云》发表在《辽宁行政学院学报》2017 年第 7 期,该文将冷云生平分为四个阶段加以阐述,表达今天的人们对先烈的追忆和缅怀,女英雄的精神永垂不朽。一、由一个追求新思想的师范女学生,变为秘密的地下党员;二、挣脱失败婚姻束缚,奔赴抗联队伍。三、不畏条件艰苦,在战争中成长成熟。四、大义凛然,乌斯浑河畔谱英曲。

如有关问题的研究动态情况:"八女投江"之群体名字的由来。在《"八女投江"史诗考证》一文中,做了详细的介绍。1.1938 年 11 月 4 日,周保中将军在日记中记录了东北抗日联军冷云等八位女英雄"悉行溺江捐躯"。"八女投江"故事是在白山黑水之间广泛传颂,激励着抗日军民奋勇战斗(当地居民至今仍习惯地把牡丹江沿岸的江叉子——支流河口处称为"小江沿")。2.1945 年"八·一五"东北光复。翌年 2 月 20 日,松江省政府主席、原中共满洲省委秘书长、抗联主要领导人之一冯仲云著作《东北抗日联军十四年苦斗简史》50 页"冷云"一节记述:"她们八个人宁死不肯被敌所俘虏,她们一同视死如归地,投入了牡丹江的怒涛中去了。"于是,"八女投江"的英雄事迹在东北解放区家喻户晓。3.1948 年,在东北烈士纪念馆展出一幅油画《八女投江》。20 世纪 50 年代王盛烈教授(沈阳鲁迅美术学院)创作了一幅以"八女投江"为题的国画,陈列在东北烈士纪念馆展厅中。这幅艺术珍品振奋了广大观众,在国内外引起了很大震动。4.1948 年冬,著名女作家颜一烟根据"八女投江"事迹,创作了《中华女儿》电影剧本,并且由东北电影制片厂(长春)演出,在第五届国际电影节上获奖。此后,"八女投江"事迹的宣传和史实的考证文章不断地刊载在报刊上,虽然题目不尽相同,但是仍旧保留"八女投江"副题。以上仅是对该问题的部分研究情况的简述。

相关论文发表情况如下：

蒋颂贤	《东北抗日联军"八女投江"的英雄事迹》,《历史教学》
王盛烈	《创作"八女投江"的体会》,《美术》1959 年第 6 期
	《民族的骄傲(抗联"八女投江")》,《奋斗》1981 年第 3 期
温 野	《牡丹江岸 烈女标芳——记冷云和"八女投江"》,《文物天地》1982 年第 6 期
徐文芳	《八女投江》,《龙江党史》1988 年第 5 期
赵 文	《"八女投江"究竟是哪八女?》,《龙江党史》1988 年第 5 期
常好礼	《八女英魂 光照千秋——"八女投江"五十周年祭》,《奋斗》1988 年第 10 期
国 还	《八女投江》中的女战士形象,《电影艺术》1988 年第 4 期
温 野	《"八女投江后人健在"之说有误》,《龙江党史》1993 年第 5 期
武伦达	《"将来应有烈女标芳"——"八女投江"由来及真况》,《党史纵横》1994 年第 9 期
	《"八女投江"是怎么回事》,《湖南党史》1995 年第 7 期
杨子忱	《冷云传奇——"八女投江"人物主要纪实》,《党史纵横》1995 年第 3 期
肖华荣 李银香	《八英烈女传》,《黑龙江档案》1995 年第 8 期
李向前	《乌斯浑河的一曲巾帼悲歌——"八女投江"故地纪行》,《党史纵横》1996 年第 12 期
傅春梅	《试述"八女投江"的历史作用和现实意义》,《龙江党史》,1998 年第 4 期
黄晓丽 赵曙光	《"八女投江"浩气长存》,《黑龙江档案》2001 年第 10 期
王艳秋 仲环昭	《"八女投江"戏剧题材的时代性》,《戏剧文学》2004 年第 5 期
孙允文	《歌剧应该是什么模样——歌剧八女投江引发的思考》,《人民音乐》2005 年第 11 期

忻　颖	《女性光芒，冲破战争阴霾——记淮剧八女投江》，《上海戏剧》2005年第10期
徐文正	《江水滔滔祭英灵——评歌剧八女投江》，《人民音乐》2005年第11期
黄晓和	《有意义的探索——歌剧八女投江观后感》，《人民音乐》2005年第11期
刘少民 郝　兵	《八女精神壮河山》，《党建》2005年第6期
傅显舟	《哈尔滨版八女投江评析》，《人民音乐》2006年第4期
李福义	《用歌剧艺术形式再现革命斗争历史——谈大型歌剧八女投江艺术特色》，《黑龙江史志》2007年第7期
李世昌 王迪礼	《我们黑龙江的骄傲——纪念"八女投江"抗日殉国70周年》，《世纪桥》2008年第11期
刘继兴	《八女投江救出的师长却变节》，《廉政瞭望》2012年第1期
	《沉睡在冰冷的乌斯浑河：八女投江》，《国防教育》2012年第4期
陈燕敏	论《八女投江》舞台角色的塑造，《北京舞蹈学院学报》2014年第4期
张正隆	《八女投江英魂颂》，《共产党员》2014年第4期
	《冷云：八女投江领头人》，《党史天地》2015年第24期
于春芳 薛宏峰 丁　超 李帮宏	《乌斯浑河畔，探寻八女投江的悲壮记忆》，《中国民兵》2015年第7期
毕文静	《八女投江真气概，洒尽热血化碧涛：记冷云和她的七个抗联姐妹》，《国防教育》2015年第3期
	《八女留芳名》，《新长征》2015年第8期
冯　源 郭文俊	《用视角构图看八女投江的主题作用》，《教育教学论坛》2016年第10期
朱安平	《中华女儿气壮山河》，《党史博采(纪实)》2016年第1期

胡世英	《乌斯浑河上永远的纪念》,《奋斗》2016 年第 8 期
史友梅	《品"八女投江"之"三昧"》,《艺术评论》2017 年第 11 期
查添钰	《抗战史诗中的女性英雄群体——评东北抗联事迹"八女投江"》,《卷宗》2017 年第 33 期

有关报纸刊载情况:

温 野	《牡丹江市举行"八女投江纪念碑"奠基仪式》,《人民日报》(1986 年 9 月 8 日)
	《永远的丰碑:宁死不屈的八女投江》,《光明日报》(2005 年 6 月 24 日)
	《永远的丰碑:宁死不屈的八女投江》,《中国青年报》(2005 年 6 月 24 日)
	《宁死不屈的八女投江》,《解放军报》(2005 年 6 月 24 日)
	《八女投江:战争未让女人走开》,《中国青年报》(2005 年 8 月 19 日)
	《八女投江(永远的丰碑·抗日英雄谱 143)》,《人民日报》(2005 年 6 月 24 日)
	《祭八女投江》,《解放军报》(2005 年 11 月 7 日)
李 宁	《八女英魂 光照千秋》,《中国商报》(2006 年 1 月 12 日)
白福兰	《"八女投江":听妈妈讲与"八女"相伴的故事》,《中国国防报》(2006 年 4 月 18 日)
	《冷云与八女投江》,《解放军报》(2006 年 5 月 3 日)
郝一杨	《八女投江壮烈殉国》,《人民政协报》(2007 年 8 月 9 日)
	牡丹江市博物馆、烈士纪念馆管理处,林口县老年学学会:《八女英烈 生辰考察》(2008 年 10 月 20 日)
	牡丹江市博物馆、烈士纪念馆管理处,林口县老年学学会:《"八女投江"有关史实的再考证》,《牡丹江日报》(2008 年 10 月 21 日第 5 版)
	《"八女投江"中的郭桂琴是我妻子啊》,《新文化报》(2008 年 10 月 27 日)
	《八女投江》,《兵团日报》(2009 年 1 月 31 日)
	《八女投江》,《解放军报》(2009 年 8 月 8 日)
	《八女投江》,《福州晚报》(2009 年 8 月 8 日)

戴俊马	《"八女投江"与关书范变节》,《辽源日报》(2009年8月10日)
郭铭华	《八女投江英雄壮举》,《黑龙江日报》(2010年2月28日)
林威威	《"八女投江"殉难地纪念馆开工》,《牡丹江日报》(2010年6月25日)
	《冷云与八女投江》,《哈尔滨日报》(2010年8月24日)
	《八女投江》,《中国青年报》(2011年2月20日)
	《同侵略者血战到底　八女投江》,《人民日报》(2011年2月17日)
林威威	《八女英魂光照千秋》,《牡丹江日报》(2011年6月23日)
于庆森	《"乌斯浑河畔牡丹江岸有烈女标芳"》,《牡丹江日报》(2011年6月28日)
潘正林、林口县老促会	《抗联老战士李敏的"八女"英雄情结》,《牡丹江日报》(2011年6月28日)
胡　芳	《半江清澈半江红:"八女投江"新演绎》,《中国文化报》(2011年8月19日)
梁　君	《经八女投江地》,《吉林日报》(2014年9月25日)
王箐箐于剑南	《"八女投江":光耀千秋的青春之歌》,《长春日报》(2015年6月4日)
	《壮哉! 八女投江》,《长春日报》(2015年6月11日)
王明菲毛宪奎	《重温八女投江壮举　传承东北抗联精神》,《佳木斯日报》(2015年7月10日)
	《八女投江弹尽殉国山河恸》,《黑龙江日报》(2015年8月6日)
	《八女投江:上、下》,《北京日报》(2015年8月25日)
东　来	《我于八女投江处与历史重逢》,《本溪日报》(2015年9月1日)
戴　佳王　玲	《每年,她们都在"八女投江"雕像前宣誓》,《检察日报》(2015年9月2日)
于　平	《乌斯浑河八圣女》,《光明日报》(2015年10月12日)
	《"八女投江"带头人经历过什么》,《通辽日报》(2016年5月25日)
	《乌斯浑河　八女投江记事新篇:杨子忱》,《长春日报》(2017年1月13日)
	《八女投江》,《长白山日报》(2017年3月16日)

有关纪念的诗词：

柏品忱	《八女投江(子弟书)》，《文艺月报》1949 年第 4 期
王辅权	《七律·八女投江纪念碑落成一周年》，《牡丹江市志通讯》1989 年第 3 期
鲁 丁	《乌斯浑河畔(外三首)——八女投江五十年》，《青年文学家》1989 年第 3 期
季士君	《八女投江》，《诗刊》1995 年第 5 期
李为群	《八女投江》，《中流》1998 年第 7 期
雷恩奇	《八女投江》，《绿风》2000 年第 2 期
弓 车	《八女投江》，《诗刊》2005 年第 15 期
	《瞻仰八女投江雕塑》，《东坡赤壁诗词》2010 年第 1 期
赵登垒	《八女投江》，《诗刊》2015 年第 13 期
何 川	《赞抗战英雄"八女投江"》，《诗刊》2015 年第 13 期
杨树峰	《菩萨蛮·重闻八女投江事迹》，《诗词月刊》2015 年第 12 期
王丰邦	《八女投江》，《诗词月刊》2015 年第 9 期
马向党	《八女投江赋》，《中华辞赋》2015 年第 9 期
往玉臣	《永远的怀念》，《词刊》2015 年第 9 期
柯汉英	《纪念八女投江七十八周年》，《诗词月刊》2016 年 8 月
张晓虹	《满江红·过八女投江处》，《中华诗词》2016 年 8 月
朱生仪	《抗联女英烈颂》，《中华诗词》2016 年第 5 期

其他研究情况见本书参考文献及资料来源。

二、铸就丰碑

1938 年 11 月 4 日，周保中在日记中写下：我五军关书范师长于西南远征归抵刁翎，半月前拟在三家方向渡过乌斯浑河，拂晓正渡之际，受日贼河东岸之伏兵袭击。……妇女冷云、杨贵珍等八人悉行溺江捐躯。宝清有我联军第五军第三师八团一连激战日贼及伪蒙军之烈士山，乌斯浑河畔牡丹江岸将来应有烈女标芳。

1944 年，东北抗联教导旅在苏联远东整训期间，周保中为了纪念"八女投江"

和以八女英勇顽强、誓死不屈、悲壮殉国的英雄事迹来教育干部战士,编写了以"八女投江"为内容的小话剧《血泪仇》,由抗联战士们在晚会上与《西征》等其他节目一同演出,教育抗联战士要像女英雄们那样,忠诚于祖国和人民,坚定驱逐日寇的必胜信心,受到了全体抗联官兵和苏方领导及战士们的高度赞扬! 此剧堪称"八女投江"第一剧。

1946 年 2 月,冯仲云在《东北抗日联军十四年苦斗简史》一书中对"八女投江"的英雄事迹做了简要记述。写道:"冷云是佳木斯小学女教师,她也加入了游击队。1938 年秋的一天,游击队休息在牡丹江岸,忽然被敌人三面包围上来,她们八人宁死不肯被敌所俘,共同视死如归,投入牡丹江的怒涛中去了。"

1946 年 7 月 18 日,《解放日报》第四版,刊登文章《东北抗日烈士传略——冷云》。

1946 年 8 月 3 日,在纪念抗战胜利一周年那天,时任辽吉军区司令的周保中,率领骑兵警卫排 40 余人,风尘仆仆地赶到乌斯浑河八女殉难地,对天鸣枪,脱帽默哀,告慰英灵。周保中在河边拾起三片树叶,在上面写上"英雄冷云"后,夹在书中,并轻声说:"冷云,英雄! 巾帼英雄!"

1948 年 1 月 1 日,中共中央东北局曾专门做出决定,表彰东北抗日联军的历史功绩,称赞东北抗日联军的英勇斗争"是中国共产党光荣历史不可分割的一部分"。1949 年 5 月,中共中央给东北局的电文中再次指出抗联斗争是光荣的,称"此种光荣斗争历史应受到党的承认和尊重。"

1948 年 9 月,原东北抗日联军第四军军长李延禄题诗《冷云等八名同志千古》:"牡丹江畔英雄女,一片赤心照碧波。辉煌业绩千秋颂,意志忠贞万年歌。"

1948 年 10 月 10 日,东北烈士纪念馆开馆,首次展出了油画《八女投江》。

1948 年冬,颜一烟以"八女投江"史实为内容,创作了电影剧本《中华女儿》。1949 年,东北电影制片厂以"八女投江"为题材拍摄了电影《中华女儿》,成功塑造了八位性格鲜明的抗联女战士,感染了千千万万的中国人民。1950 年,这部电影获捷克斯洛伐克卡罗维发利第五届国际电影节自由斗争奖,成为新中国第一部获得国际奖的影片。世界电影史学者萨杜尔观看了这部影片后,把八位女英雄之死比作夏伯阳的牺牲。此后,赞颂八女投江的文艺作品不断问世。

1949 年 5 月 16 日,毛泽东为中央起草对抗联总评价的电报,指出:"抗联干部领导抗联斗争及近年参加东北的斗争是光荣的,此种光荣斗争历史应当受到党的承认和尊重。”

1953 年 1 月 1 日,周恩来视察东北烈士纪念馆并题词:“革命先烈永垂不朽”,指示:“革命先烈抛头颅、洒热血,才换得了人民的解放和胜利。要广泛收集革命烈士的事迹和文物,向群众进行革命传统教育。”

1953 年 7 月 2 日,《新华日报》对“八女投江”事迹做了简单介绍。

1957 年,“关东画派”奠基人王盛烈创作了国画《八女投江》,“八女投江”事迹被编入了人教版语文教科书。王盛烈(1923—2003)的青少年时代是中华民族历经磨难、追求民族解放的时代。九一八事变以后,日本对中国展开大规模侵略,短短几年就占领了东三省。民族灾难给王盛烈先生带来了强烈的民族忧患意识。从此,他就把自己的命运与祖国的命运相系相连。1944 年,留学日本的王盛烈先生因不满学校强制学习“日本画”而中途退学回国。1945 年,东北八一五光复后,王盛烈先生于长春参加“东北青年联盟”搞爱国青年运动,曾任干事和宣传部长等职。在 1949 年抗联将军冯仲云所作的报告会上,王盛烈先生第一次听到东北抗日联军第二路军第五军妇女团的八名女战士为掩护大部队突围转移任务,在弹尽援绝的情况下,毅然背起重伤的战友,一同步入浪涛滚滚的乌斯浑河的英勇故事,他感到无比震撼,激起了创作国画《八女投江》的无比热情。从此他便进入了艰苦的构思过程:广泛地收集“八女投江”的文字和图片资料;深入到百姓中听他们讲“八女投江”的故事;按八名女战士的形象选“模特”画了大量的写生;模拟“八女投江”的情景拍了一些实景照片等等。他通过反复构思,数易其稿,才完成这幅作品。

1959 年 9 月,大彬编剧的《八女投江(评剧剧本)》,由北方文艺出版社出版发行。

1960 年,八女战友徐云卿的回忆录《英雄的姐妹》由吉林人民出版社出版发行。周保中为该书作序《回忆抗日战争中的东北妇女》,此书已再版三次。

1962 年,东北烈士纪念馆工作人员由温野带队,专门赶赴牡丹江及吉林调研考证“八女投江”的史实,撰写了《东北抗日联军“八女投江”事迹新探》的文章,发表在 1963 年 3 月 26 日《黑龙江日报》“学术研究”专版中。文章的发表,进一步考证了“八女投江”的史实,再一次向世人宣扬了八名女战士在抗战中的英勇斗争、浴血奋战的事迹。其调研过程写入《八女投江事迹查实》一文中,并收入到《史海存真》一书中。

1978年4月6日《黑龙江日报》报道了东北烈士纪念馆恢复开馆、东北抗联烈士诗抄、东北抗日联军八女投江的故事。

1980年,经调查确认,林口县刁翎镇三家子村乌斯浑河畔为八女烈士殉难地遗址。"八女投江"殉难地位于林口刁翎镇内,距林口县城90公里,距鸡讷公路0.5公里,哈同公路80公里。

1981年12月,黑龙江省社会科学院地方党史研究所、东北烈士纪念馆编著的《东北烈士传》出版发行,在第三辑中收录了质慧的文章《民族的骄傲——抗联"八女投江"事迹(1938.10)》一文。

1982年,林口县人民政府在乌斯浑河畔八位女英雄殉难地建立纪念碑一座,碑文正面镌刻着时任黑龙江省省长、抗联老战士陈雷的题词"八女英魂 光照千秋"八个大字,以纪念和表彰她们的英雄壮举。"八女投江"纪念地于1999年被黑龙江省人民政府公布为省级文物保护地,是重要的爱国主义教育基地。

1983年,黑龙江人民出版社首次出版陈雷诗抄《露营集》。待到1989年8月再次修订发行时,引起广大读者关注。著名文学评论家毛大凤、贾非、季夫等人评论说,这是一曲火焰般燃烧着的爱国主义激情战歌,是一部纵观14年东北人民抗日斗争的史诗。《露营集》择辑了百余篇旧体诗,其中有《祭冷云》。

1984年始,林口县志办有关工作人员,对"八女投江"史实做了进一步考察调研,取得了重要成果并由徐文芳整理成文对外发表。

1984年,第六届中国人民政治协商会议全国委员会主席邓颖超题写:八女投江。

1986年3月,中共林口县委史志办、林口县人民政府民政局编纂了《林口烈士》一书,对"八女投江"史实作了专门叙述。

1986年4月,由黑龙江省牡丹江市志办公室、林口县志办公室出版了徐文芳编著的《八女投江文史辑》,该书由题词、图照、八女投江传、史实考证、史料选辑、部分文献书典、文艺作品和东北抗联歌谣选录组成,是当时研究"八女投江"的成果专辑。

1986年,黑龙江省原省长陈雷到桦川视察工作时,将第三小学命名为"冷云小学"。(冷云曾任教的南门里国民优级学校,在解放后改为桦川县第三小学。)

1986年9月3日,第六届中国人民政治协商会议全国委员会副主席康克清题写:八女英灵永存史册。

1986年9月7日,为纪念八名女烈士,在她们殉国的乌斯浑河畔建立了一座巨型"八女投江纪念碑"。在牡丹江市举行"八女投江纪念碑"奠基典礼,时任全国政协副主席、全国妇联主席的康克清为工程奠基题词:"八女英灵,永垂不朽!"纪念碑碑质为花岗岩,碑文铭刻着八名女战士的英名和她们可歌可泣的光辉业绩。高80米、横截面为三角形的纪念碑和象征着彩虹、跨度为75米、矢高25米的拱脊,雕有展现女英雄们战斗风姿的大型群雕,描绘着1938年的历史画卷:八名女战士一边战斗,一边互相搀扶着迈步走向冰冷刺骨的乌斯浑河,河水没过腿,漫过胸,直至淹没头颅……

1987年,八一电影制片厂导演杨光远再次拍摄了同名电影《八女投江》。由张凯丽主演。影片讲述了冷云等八名抗联女英雄在抗击日本侵略军的战斗中,宁死不屈,投江自尽的故事。"八女投江"的事迹可谓代代相传,她们的英雄事迹也通过影片感动了无数中国人。

1988年8月1日,大型"八女投江"雕塑在牡丹江市江畔落成。该雕塑由中共黑龙江省委、省人民政府于1984年筹建。雕塑坐南朝北,广场占地面积8000平方米,高8.8米,长18米,宽6.9米,由花岗岩石雕塑而成。1989年,"八女投江"雕塑被国家民政部公布为全国重点烈士纪念建筑物保护单位;1994年,被黑龙江省委、省政府公布为省级爱国主义教育基地。

1989年,李言有编著的《八女投江诗选》,由北方文艺出版社出版发行。

1990年8月4日,时任国家副主席王震视察八女投江纪念馆并题词:"向抗日烈士致敬。"

1995年春,中共林口县委、县政府对原"八女投江"纪念碑进行了重建,并新建了一栋124平方米的八女投江纪念馆。

1995年6月,为纪念抗日战争胜利50周年,中共林口县委员会、林口县人民政府编印了《林口抗日烽火》一书,对"八女投江"有专文记述。

1997年焦永琦、翟广杰的小说《八女投江》由北方文艺出版社出版发行。

1998年出版的《林口县志》和2005年出版的《林口县老区革命斗争史》,对"八女投江"史实均有专文记述。

2003 年，王敬文的报告文学《霜冷的乌斯浑河冷云及八女投江》由哈尔滨出版社出版发行。

2005 年 2 月 1 日，中宣部等主办的《永远的丰碑》栏目在中央电视台播出。其中八女投江的英雄事迹成为该片的主要内容。

2005 年 8 月 15 日，《人民日报》发表题为《中国共产党是全民族团结抗战的中流砥柱——写在中国人民抗日战争胜利 60 周年》的特邀评论员文章，多处高度评价东北抗日联军的历史功勋。文章写道："'逐日寇，复东北，天破晓，光华万丈涌。'这是英勇豪迈的抗联露营之歌。中国共产党领导的抗联战士，为拯救日寇铁蹄下的东北人民，英雄血染大地，壮士气吞山河。抗联第五军妇女团冷云等八名女战士，与围困的敌人战至弹尽粮绝，手挽着手跳入乌斯浑河的激流中壮烈牺牲。"

2005 年 9 月 3 日，在纪念中国人民抗日战争暨世界反法西斯战争胜利 60 周年之际，国家主席胡锦涛《在纪念中国人民抗日战争暨世界反法西斯战争胜利 60 周年大会上的讲话》中讲道，"东北抗联八位女战士等众多英雄群体，就是中国人民不畏强暴、英勇抗争的杰出代表"。

2007 年，东北抗联史实陈列馆在本溪落成，"八女投江"专题作为布展的重要内容。

2008 年，为了纪念八女殉国 70 周年，牡丹江市博物馆和烈士纪念馆管理处与林口县老年学会合作，对"八女投江"英雄史实进行了历时四年的再调研，抗联研究专家于春芳主编了《八女投江史实考》一书，于八女殉国 70 周年之际出版。叙事诗《八女颂》修订本也于此时出版。林口县重新修缮了"八女投江"遗址纪念地。纪念碑基和山坡挡土墙用黑色大理石镶嵌；纪念地 5000 余平方米的地面用花岗岩石板重新铺装。在纪念地所作的南山山梁上修建了"忆英亭"。在忆英亭可以看到八女殉国地点和八女当年抗击日寇的战场。

2008 年 10 月 20 日，林口县委、县政府在"八女投江"遗址纪念地举行了隆重的"八女投江"70 周年大会殉难地遗址修缮工程竣工揭牌仪式。

原抗联五军教导队分队长（郭桂琴的未婚夫）冯文礼老人、原抗联五军妇女团班长、八女战友徐云卿的女儿白福兰女士、抗联研究学者赵海龙先生、抗联烈士王世显的后人王爱民等嘉宾出席活动。时任林口县委书记宫镇江说："我们建这个馆的意义，就是为了把'八女投江'这段历史展现给世人，告诉他们要铭记历史，珍惜今天的幸福生活。"纪念馆馆长衣晓白说:"八女投江遗址纪念馆就是要告诉世人八女宁死不屈的爱国主义精神、不畏强敌、捍卫尊严的民族气节。提醒大家要记住昨天、干好今天、警示明天。"

应邀参加大会的冯文礼、白福兰女士在大会上致辞。

同日,在牡丹江市"八女投江"纪念广场,也举行了纪念大会。除牡丹江市各级各界领导、群众代表参加外,抗联老战士、黑龙江省政协原副主席李敏,朝鲜驻沈阳总领事馆领事白正吉、承炳日,黑龙江省委党史研究室主任李景文等人也应邀出席纪念活动。时任牡丹江市委书记徐广国代表全市 280 万人民,向"八女英烈"表示深切的怀念。

2009 年 7 月 20 日,在中华人民共和国成立 60 周年之际,由中共中央宣传部、中共中央组织部、中国人民解放军总政治部、中共中央文献研究室、中共中央党史研究室等联合举办的"100 位为建立新中国作出突出贡献的英雄模范人物"评选活动候选人名单公布,"八女投江"位列其中。

2009 年 9 月 10 日,八名女战士被评为 100 位为新中国成立作出突出贡献的英雄模范之一。

2009 年 9 月,时任国家副主席习近平在黑龙江视察工作期间,专程参观东北烈士纪念馆,并向抗联战士塑像敬献花篮,听取了"八女投江"等有关革命英雄事迹的介绍。

2009 年,中国人民政治协商会议黑龙江省委员会文史和学习委员会编的黑龙江文史资料(第四十辑)《抗日联军在黑龙江》由黑龙江人民出版社出版发行,该书"八女投江篇"系统介绍了八位女英烈的事迹。

2010 年,刘均善、蒋义编著的《八女投江故事》由中国社会出版社出版发行,本书内容包括国仇家恨、午夜惊魂、不堪回首、秘密撤离、新生力量等,讲述了那个战火纷飞的年代为了民族解放、国家独立而牺牲的 8 位女英雄的感人故事。

2010 年,为将"八女投江"殉难地打造成更高层次的爱国主义教育基地、红色旅游知名品牌和抗联活动史料研究中心,林口县重新修建"八女投江"殉难地纪念工程。据了解,该项目总投资 5220 万元,建设工期为 3 年,包括占地 70 000 平方米的人工湖、2000 平方米的"八女投江"遗址纪念馆、50 000 平方米的文化碑廊和园林、旅游服务区五部分。

2011 年,赵延民、姜靖榆编著的《惊天地泣鬼神的八女投江》由吉林人民出版社出版发行,该书介绍了以冷云为首的东北抗日联军八名女战士,为捍卫民族尊严,面对凶残的日寇,镇定自若,宁死不屈,投江殉国,表现了中华民族同敌人血战到底的英雄气概。她们的光辉形象,激励着千千万万的后来人。

2011 年,抗联研究学者于春芳编著的《100 位为新中国成立作出突出贡献的英雄模范人物 八女投江》由吉林文史出版社出版发行,该书内容包括:历史背景;西征之路;偏师扶危;视死如归;对冷云、杨贵珍、安顺福、胡秀芝、郭桂琴、黄桂清、王惠民、李凤善等人的生平介绍。

2011 年 7 月 30 日,位于黑龙江省牡丹江市的"八女投江"纪念馆、革命英烈纪念馆、博物馆正式开馆。新建的"八女投江"纪念馆及革命英烈纪念馆、博物馆展出面积 3000 多平方米,陈列文物、展品 2000 余件、图片 1600 余幅。展馆内采用幻影成像、故事墙、弧幕投影等新颖科技手段和绘画、雕塑、场景复原等艺术形式,在展陈艺术和表现手法上有了较大突破。展览包括"牡丹江古代历史展""牡丹江英烈事迹展""八女投江事迹展""朝鲜艺术家书画展"等,展出了近万年来牡丹江先民们的生产、生活状况;牡丹江抗日军民历经 14 年艰苦卓绝的斗争历程;近现代为保卫国家而壮烈牺牲的英雄人物事迹。

2011 年 8 月,由黑龙江省评剧院创演的大型现代评剧《半江清澈半江红》在国家大剧院上演。该剧用诗化的语言,生动诠释了东北抗联"八女投江"的英勇事迹,使得抗联五军妇女团指导员冷云等八姐妹浪漫、温情而又大无畏的形象立于评剧舞台之上。

2011 年 9 月 18 日,林口县在"八女投江"烈士殉难地举行了纪念九一八事变 80 周年暨八女投江遗址纪念馆开馆仪式。"八女投江"遗址纪念馆位于林口县刁翎镇境内,始建于 20 世纪 80 年代初,几经扩建,目前总投资 5220 万元、占地面积 50 公顷。2006 年八女投江纪念馆大楼开始筹备布展。纪念馆共分五层,有 4 个基础展厅、2 个临时展厅,基本陈列包括:八女投江事迹暨牡丹江抗日斗争史实展、革命英烈事迹展、牡丹江历史陈列展。以大量的真实的武器装备、文物文献等展品,辅之以语音导览、环幕影院、电子翻书、故事墙、幻影成像等科技手段以及雕塑、绘画等艺术手段展现牡丹江抗战 14 年的艰苦历程。2009 年 9 月,通过了创建省级爱国主义教育基地验收。2015 年,林口县"八女投江"遗址纪念馆被中宣部宣教局命名为全国爱国主义教育示范基地,这是该馆继 2013 年被授予第一批黑龙江省中共党史教育基地后获得的又一殊荣。

2011 年 12 月,黑龙江省东北烈士纪念事业基金会、黑龙江省民政厅编著的《不朽的丰碑——黑龙江省革命烈士事迹选》由黑龙江人民出版社出版发行,该书收录了温野老师的文章《壮烈,冷云和八女投江》一文。

2013 年 9 月 3 日,在"八女投江"75 周年之际,为牢记历史、缅怀先烈,创作了纪录片《林口抗联战绩史》,该纪录片由林口抗联史研究学者于春芳撰稿,黑龙江电视台摄制完成。纪录片拍摄工作历时半年,剧组成员寻访烈士后裔、专家学者,足迹遍布林口全境,以文献、图片、影像、访谈等手法相结合的方式,对东北抗联历史进行了全景式展现。

2013 年 9 月 3 日,在纪念抗日战争暨世界反法西斯战争胜利 68 周年之际,为牢记历史、缅怀先烈,纪念八女投江 75 周年大会在黑龙江省牡丹江市林口县"八女投江"革命烈士陵园举行。上午九点,在书有"八女英魂　光照千秋"碑文的"八女投江"纪念碑前,以 90 岁高龄的东北抗联老战士、黑龙江省政协原副主席李敏为代表的抗联老战士、抗联后代、230 名当地学校小学生、当地民众及有关领导共同缅怀八位女英雄。

2013 年 11 月 28 日,黑龙江省举行第一批"黑龙江省中共党史教育基地"挂牌仪式,八女投江遗址纪念馆入选。教育基地将在加强爱国主义教育、强化党性教育、发展龙江红色旅游等方面发挥更重要作用,成为展现龙江党史的重要平台、爱国主义的重要阵地、党性教育的生动课堂、红色旅游的重要景区。

2014 年 4 月 5 日,清明节央视新闻联播播出《清明祭英烈　共筑中国魂》的报道。在黑龙江省牡丹江市"八女投江"广场,1400 名中学生举行"缅怀先烈、圆梦中华"主题纪念活动,并发出践行社会主义核心价值观的倡议。

2014 年 9 月 1 日,为永远铭记抗日英烈的不朽功勋,大力弘扬爱国主义精神,凝聚实现中华民族伟大复兴的精神力量,经党中央、国务院批准,公布第一批在抗日战争中顽强奋战、为国捐躯的 300 名著名抗日英烈和英雄群体名录,东北抗日联军第二路军第五军妇女团冷云等八名女战士当选。

2014 年 9 月 3 日,习近平总书记在纪念中国人民抗日战争暨世界反法西斯战争胜利 69 周年座谈会上发表讲话,讲话中他谈到,无论是正面战场还是敌后战场,

八女投江纪念馆博物馆大楼

中国人民同仇敌忾、共赴国难,铁骨铮铮、视死如归,奏响了气壮山河的英雄凯歌。杨靖宇、赵尚志、左权、彭雪枫、佟麟阁、赵登禹、张自忠、戴安澜等一批抗日将领,八路军"狼牙山五壮士"、新四军"刘老庄连"、东北抗联八位女战士、国民党军"八百壮士"等众多英雄群体,就是中国人民不畏强暴、以身殉国的杰出代表。正所谓"诚既勇兮又以武,终刚强兮不可凌。身既死兮神以灵,魂魄毅兮为鬼雄"。

八女投江殉难地

　　2014 年,为隆重纪念中国人民抗日战争暨世界反法西斯战争胜利 69 周年,经党中央、国务院批准,国务院发出通知,公布第一批 80 处国家级抗战纪念设施、遗址名录。位于黑龙江省牡丹江市林口县刁翎镇三家子村的"八女投江"殉难地入选。

油画《中华儿女——八女投江》(1989)　　作者　全石山

　　2015 年 8 月 26 日,央视新闻频道《新闻直播间》以"人民英雄冷云:八女投江光照千秋"为题,播放了八女投江的英雄事迹。

　　2015 年 9 月 2 日,在颁发"中国人民抗日战争胜利 70 周年"纪念章仪式上,习近平在讲话中先后提及杨靖宇、赵尚志、左权、彭雪枫、佟麟阁、赵登禹、张自忠、戴安澜等一批抗日英烈和八路军"狼牙山五壮士"、新四军"刘老庄连"、东北抗联八位女战士及国民党军"八百壮士"等众多英雄群体,并强调,今天,中国正在发生日新月异的变化,我们比历史上任何时期都更加接近实现中华民族伟大复兴的目标。实现我们的目标,需要英雄,需要英雄精神。

　　2015 年,在纪念世界反法西斯战争胜利 70 周年的日子里,辽宁芭蕾舞团在国家大剧院演出了大型芭蕾舞剧《八女投江》。芭蕾舞剧《八女投江》由上、下两个半场分为两幕,第一幕名为"密营",第二幕名为"西征"。两幕剧又各由三个板块构成:一幕的三个板块是"春漾""桦书"和"激战",二幕的三个板块是"离歌""荒泽"和"霜雪",最后有一个"尾声"。"春漾"的境遇是抗联密营的春溪涌动。通过冷云与其丈夫、黄桂清与其恋人、王惠民与其父亲三段不同人物关系的双人舞表现,传递着各自美好的憧憬。这种手法沿用了导演在《天边的红云》中的表现,也容易让人想起表现苏联卫国战争时期题材的话剧《这里的黎明静悄悄》中的女兵小队。当然,在这里充分捕捉、开掘和展示人物的不同个性,也让我们知道通过不同的人物关系是展示其个性的好路径。"桦书"则通过一个"识字班"的桥段,由冷云在小黑板上写出一个"家"字,导入朝鲜族女战士安顺福对家乡的回忆——这个回忆由耕耘、播种、收获直到新婚之夜;但日寇的杀戮使安顺福失去了自己的亲人……这个几乎构成全场的"回忆"与"春漾"的三段"双人舞"形成了一种很好的对比,在一种"整体性"中传递了"报仇雪恨"的意志。接踵而至的"激战"则是在抗联战士群舞的大场面中,刻画了冷云丈夫、王惠民父亲的壮烈牺牲。第二幕开场的"离歌",是在抗联"西征"的境遇中,集中表现冷云将骨肉托付给乡民的"决绝"。"荒泽"表现的是女战士们在艰险的救死扶伤中,其中的胡秀芝接受重伤战士临终前隐秘爱恋的倾诉。"霜雪"的"点睛"细节,是黄桂清发现自己的恋人要携带公文包和枪支叛逃,在劝诫、警告无效后,毅然对叛徒扣动了扳机……全剧的"尾声",是经过激战的"八圣女"弹尽力疲,特别是冷云注意到王惠民负伤而失明的细节,尤为感人。"八圣女"相互扶持着、摇晃着、但是坚定地向激荡的乌斯浑河趟去,直至沉没……舞剧《八女投江》是第十五届中国文化艺术政府奖——文华大奖和第十四届精神文明建设"五个一工程"奖的获奖作品,是以"足尖"践行艺术为民、歌颂中华儿女爱国情操的典范之作。

2016年3月,黑龙江省佳木斯市桦川县冷云小学入选第二批全国学雷锋活动示范点。

2017年5月5日,中共黑龙江省委书记张庆伟率省委委员来到东北烈士纪念馆和东北抗联博物馆,缅怀革命先烈,重温抗联历史。张庆伟等走进展厅,听取馆内陈列总体情况介绍,听工作人员讲解江桥抗战、马占山、罗登贤、赵一曼、八女投江、周保中、陈翰章、赵尚志、杨靖宇等英雄事迹。张庆伟强调,黑龙江省正处在爬坡过坎的攻坚期、推进振兴发展的关键期,更加需要弘扬伟大的东北抗联精神,不断赋予其新的时代内涵,凝聚起决战决胜全面小康、推动全面振兴发展的强大精神动力。

2017 年 6 月 1 日,黑龙江省佳木斯市桦川县、3000 多名少先队员欢聚一堂,全国红军小学建设工程理事会在这里举行"中国工农红军桦川'八女英烈冷云'红军小学"授旗仪式,以纪念 79 年前牺牲的"八女投江"烈士们。这也是全国红军小学建设工程理事会在革命老区建设的 231 所红军小学之一。

2017 年 7 月,为纪念中国人民解放军建军 90 周年,《解放军报》发表了题为《我们的队伍向太阳——写在中国人民解放军建军九十周年之际》一文,文章中提到:那些革命先烈们,也不过是普普通通的血肉之躯啊!他们坚信自己值得为这样的事业而冲锋、而牺牲,他们虽死犹雄。岂止有董存瑞、黄继光?人民军队英雄谱上,还有杨靖宇、邱少云、狼牙山五壮士、东北抗联八位女战士……还有在训练、扫雷、救灾、维和中牺牲的官兵。尤其是无名烈士——他们的名字无人知晓,他们的英雄事迹更难以一一还原。但他们无愧为这个国家、这个民族的魂魄。他们用鲜血和牺牲,为胜利的纪念碑奠基!我们必须记住:这所有的牺牲,是千千万万个父母、千千万万个家庭的牺牲,是我们的靠山——伟大人民的牺牲!是人民把最后一碗米、最后一尺布、最后一个孩子送上战场。

芭蕾舞剧《八女投江》

2017 年 9 月 8 日,九一八事变爆发 86 周年之际,名为《抗联之魂》的巨型全景艺术体首展于北京世纪坛。"抗联从此过,子孙不断头!"是中国共产党领导的东北抗日联军镌刻于密林中的铮铮誓言。征战于白山黑水、林海雪原上的抗联,在中华民族伟大抗战的壮烈史诗中,在冰天雪地、艰苦卓绝的生命极限中,谱写了英勇献身、可歌可泣的动人篇章。由巨幅素描、雕塑、实物等美术作品创构的《抗联之魂》全景艺术综合体,全长250米,高2.4米。它由已88岁的著名老艺术家、中央美术学院原副院长侯一民教授领军,率40多位画家雕塑家联袂创作而成。创作者中最年长的是中央美院离休教授邓澍,这位已89岁的著名油画家当年曾是一位"女八路",她执笔画出了抗联女兵"八女投江"的悲壮故事。

2017年11月20日,北京强润影视有限公司发布了新编电视剧《八女投江》,该剧根据真实的抗战英雄事迹"八女投江"改编而成,讲述了从1931年九一八事变前后,至1938年之间,以冷云为代表的抗联女兵们的成长历程,以及她们为了救国救亡与敌人浴血奋战的英勇事迹,和她们的曲折爱情故事。

"天下艰难际,时势造英雄。"自古以来,中华民族对于英雄都充满敬仰和向往。一个有希望的民族不能没有英雄,一个有前途的国家不能没有先锋。各个时代的英雄都是中华民族前进的脊梁,人民纪念八女的丰功伟绩,为她们的功绩树立起了一座座丰碑,弘扬伟大的抗战精神、抗联精神,就是要以八女浴血奋战、视死如归的事迹为榜样,将激励中国人民砥砺前行,成为实现中华民族伟大复兴的强大精神力量。

八位女战士永垂不朽!伟大的八女精神,永放光芒!

三、八位女战士略传

抗联老战士、原黑龙江省省长陈雷系冷云当年师范学校同学,一直珍藏所赠字帖,并书悼诗《祭冷云》:

> 牡丹江畔,激浪花战火,拼将敌挫。
>
> 娇女阵前歼倭寇,今日木兰犹多,水影乍动,心下焦焚。
>
> 冲上山顶坡。
>
> 八女英姿,崖壁枪声起落。
>
> 怒视敌围重重,
>
> 弹尽枪空,此际该如何?
>
> 不陷缧绁遭凌辱,

携手踏入清波。

忠烈儿女,毅然归去,

浩泪伤同学,神凝长天一色。

东北抗联的"八女投江"与"狼牙山五壮士"一样,是中华儿女与侵略者血战到底而决不屈服的光辉典范。这八位女战士的带头人,便是冷云这个以化名传世的巾帼英雄。

冷云原名郑致民,乳名郑香艺,生于 1915 年,中共党员,抗联五军妇女团指导员。家住桦川县悦来镇。冷云大眼睛,圆脸盘,面孔红润英俊,身体微胖,上中等个头,举止端庄,语言流利,性格直爽刚强。忠厚朴实,待人热忱,是抗联女兵中的"秀才"。

冷云

父亲郑庆云,母亲谷氏,全家以种地和在镇子上卖小菜为生。她们兄妹 3 人,哥哥郑殿臣,为人忠厚老实,在外地当店员,姐姐早年出嫁,后来被警察勾结歹徒害死了。

1925 年春,冷云 10 岁时,上了悦来镇北门里两级小学。她性格很刚强,有一次,因为画画,她被姓何的先生把小手打肿了,手背出了血,但她一声不哭,回家后背着手,生怕家里人看见。她聪明好学,热爱劳动,每天放学回家,除完成作业外,还经常主动帮助嫂嫂做饭、刷碗、洗衣服等,家里人都很喜欢她。

1931 年春,她考上了吉林桦川县立女子师范学校,起名郑志民。九一八事变爆发后,佳木斯和桦川县各界爱国群众,纷纷集会游行,抗议日本帝国主义侵略东三省,郑志民对于敌人的侵入,国土沦丧,更是满腔仇恨。她一面积极宣传抗日,一面计划去投奔在佳木斯附近活动的抗日义勇军,但因无人介绍,没有去成。佳木斯被敌人占领后,郑志民继续在学校宣传抗日救国的思想,渴望去参加抗日游击战争的念头越来越强烈。算上因日寇入侵停学近一年的时间,她在学校学习的时间近五年。她和高明世、范淑杰三姊妹在徐子良和董仙桥老师新思想的熏陶下,进步很快。

1932 年 4 月 12 日,因日军乘江船进驻佳木斯城,学校被迫停课。此后,日本占领当局下令学校复课,以日语为主课,对学生进行奴化教育。这时郑致民的民族自立思想已经形成,遂又改名为郑志民,以民族志士自许。"女师"学生和爱国民众一起游行示威,抗议侵略者,痛斥卖国贼。

1933年秋,男女生合校后,她接着在桦川县中学师范班读书。冷云在佳木斯读书时很好学,思维敏捷,渴求真理,接受新思想快,关心时局形势。她经常与高明世、范淑杰两位志同道合的同学借问课程之机,要求班主任老师(董仙桥、地下党员)讲些国家大事,还常到老师家听他讲抗日救国的道理。老师给她们讲了日本的大陆政策和海洋政策的侵略性质及其对中国的威胁;讲中国的积贫积弱,军阀混战和民不聊生;同时还讲了日本军阀在东北操纵胡匪作乱,从中取利,吉林省事实上已经亡于日本之手,东三省岌岌可危等严峻的形势。两位老师的教育极大激发了这些热血青年的爱国激情,她们决心以朝鲜爱国志士安重根为榜样,以自己的一腔热血,一颗赤心,挽救多灾多难的祖国。当时在日本人的控制下,学校被迫进行"劳作""贤妻良母""阶级服从"等奴化教育,郑志民对此表示强烈不满。她在班上很活跃,敢说敢讲,表现出一派正直刚毅的气概。她与高明世、范淑杰一起被同学们称为"三杰"。在关内受过革命教育的董仙桥老师成为她追求新思想的启蒙人。

她的班主任老师经常通过秘密的形式,给一些进步的学生讲政治时事,揭露日本帝国主义侵略我国的罪行。冷云是他最得意的学生之一。因受他的启发教育比较多,冷云在政治上进步很快,她敢于在女同学中进行爱国主义宣传,并逐渐成熟起来。1934年夏天,郑志民在董仙桥和高明世秘密介绍下入党,在佳木斯市委领导下从事秘密工作。不久在师范班里成立了第一个女同学党小组,在学生中秘密开展革命活动。

郑志民以多才多艺著名,笛子、箫、风琴、口琴等乐器一学即会。到奉天(沈阳)实习时,看到街上有唱凤阳花鼓的流浪艺人,回来便敲击碗碟结合东北的局势唱起了花鼓:"说奉阳(暗指沈阳和东北),道奉阳,奉阳本是老地方,自从出了土皇帝(暗指伪满洲国傀儡政府),十年倒有九年荒,大户人家卖田地,小户人家卖儿郎,奴家没有儿郎卖,身背花鼓走他乡……"

1935年12月底,冷云在师范班毕业,被派回悦来镇南门里初级小学教学,讲授算术、语文、图画、音乐、体育等课程,并担任班主任。这时候,她已是20岁的大姑娘了。中等身材,红润的圆脸上镶嵌着一双聪慧的大眼睛,活泼、直爽、乐观,喜欢打球、画画、音乐,能吹笛子。她常穿黑格子白布衫,还有旗袍,外套一件红毛线背心,朴素大方。她待学生和蔼可亲,学生都很敬重她。古典诗词曲牌也是郑志民常涉足的领域。她曾模仿元曲的格调写了一首歌舞词,让学生们边舞边唱,其词云:

燕双飞,画槛人静晚风吹;

只记得,去年巷风景依稀;

绿扶庭院,细雨润花花枝翠。

…… ……

风雨逐阳,杜雨声声催人泪!

燕双飞,燕双飞,风暴雨狂难阳归。

当时,学校盛行体罚学生,歧视女同学,而她对学生总是像慈母般的耐心教导,孜孜不倦,从不打骂学生,对男女同学一视同仁。在地下党支部书记马成林领导下,常常以吹笛拉琴为掩护,与党员教师马成林、李淑范和董若坤等人在一起谈论国家命运,探求抗日救国的道路。她还经常给学生讲"岳母刺字""岳飞抗击金兵"和"杨家将"等故事。她教育学生说:"英雄要爱他们自己的国家,打击外来侵略者。"她经常参加支部开会,秘密开展抗日活动,搜集日伪情报,为粉碎日本侵略者的"三光"政策,起了重要作用。

为了党的事业,她不惜牺牲个人的幸福,不怕任何委屈和误解。过去,冷云因对父母包办的婚姻不满,早就提出要参加抗联。早在她上小学时,已由家中包办与同学、同镇的孙翰琪订了婚,此时这个未婚夫当上了伪满警察。有一次,她闷闷不乐地来到董老师的家。跟老师说:"董老师,我不想跟孙翰琪结婚,您没听大伙都说:'警察的脖子安不牢,日本话不用学,再过二年用不着'嘛。"董老师知道她跟别人也说过这句顺口溜,就委婉地对她说:"志民,你现在已是党的人了,一切要以党为重,像这样的顺口溜,老百姓说说可以,我们不能随便说,因为这样容易暴露我们的政治目的。你要以一个党的地下工作者的标准来要求自己。关于你与孙翰琪的婚姻问题,等组织研究决定后再告诉你。"这时的冷云产生了逃婚上山的念头,地下党组织的负责人却考虑到她在当地还担负着重要工作,便希望她完婚后再做丈夫的策反工作。婚后,冷云曾几度试探着劝说丈夫走抗日道路,孙翰琪却听不进去,过了一年,组织上同意了她出走参加抗日联军。地下党安排冷云出走时,为防止日伪追查并暴露组织,决定制造一个假"私奔"。这种事在比较守旧的当地是很不光彩的,冷云考虑后表示:"为了抗日救国也只能如此。"

1937年夏,南门里小学传出郑、吉这一对男女老师失踪的消息,再联想到此前两人的关系都认为是"私奔",当地报纸又以"艳闻"登载此事。已任伪满警尉的孙翰琪到郑家闹了一番,得到离婚书也就罢休。郑家的人长期背着羞辱的名声,直至解放后,家乡的人们才知道"八女投江"中为首的冷云烈士便是当年"私奔"的郑志民老师,都转而肃然起敬。

1936年3月,她听说姑表哥白长岭已在汤原参加抗联第三军,又一次萌生了参加抗日联军的心愿,此次又因为没有得到党组织的批准而未成。恰巧这时正逢周保中军长来信,要求地方党组织派一些知识分子干部充实抗联队伍,经组织研究,决定批准郑志民的请求。

吉乃臣是党组织通过郑志民争取过来的一个进步青年。他本是伪保长的儿子,但本人却很正派,很有民族正义感,痛恨日本侵略者及汉奸。为了争取他,郑志民经常以各种缘由找他一起玩,这时孙翰琪已经升了警尉,调到富锦。郑志民住在娘家,关于她与吉乃臣的关系,当时已经有了风言风语,但这为党的工作起了掩护作用。1937年春夏之交,党组织决定郑志民和吉乃臣到抗联部队。这时正好吉乃臣要去奉天,于是,根据组织当时的方案,郑志民有意在大庭广众之中主动热情接近吉乃臣,给外界造成两人关系非同寻常。接着,郑志民又到教育局办理调富锦工作,投靠丈夫孙翰琪的手续。郑志民在富锦住几天,就借口回娘家取棉衣又回了悦来镇。过了几天,郑志民第二次张罗到富锦,实际是转道与吉乃臣一道到抗联部队去。

经她的同学悦来镇党支部书记马成林请示上级党组织,同意冷云由地方转入抗联五军工作。她在临行前写道:"国破山河在,城春草木深,恨别花溅泪,重逢鸟欢心。"

1937年秋,周保中将军要求下江特支向抗联五军输送知识分子干部,以提高部队素质,勃利县委易恩波把这一指示转给悦来镇党组织。为了避免牵连家人,郑志民从自己喜欢的唐诗句子中起了化名——冷云。其意取自唐诗《题润州甘露寺》中的名句"冷云归水石,平生意一开"的意境,表示她来到游击队就像高空的冷云回归水石一样回到了家,平生的志愿得到了施展,拿起武器抗日救国的愿望终于实现了。

她从入党之日起，就已经决心要把自己的一切交给党和人民。因此，她在处理任何事情时，都把党的工作放在首位。据她哥哥郑殿臣回忆，冷云出走前，曾回家告别。那几天，她宠溺在母亲温暖的怀抱中，轻声地给母亲念《木兰诗》，满怀深情地用风琴拉响《苏武牧羊》……所有这些都是她在蓄意同母亲告别。她不敢将实情告诉母亲，只是私下里叮嘱哥哥："我去了，忠孝不能两全，把鬼子赶跑后咱们再相见。谁问我，就说我跟人跑了。"这是她作为女儿细致的一面，让自己的哥哥知情，出问题他可以挡一挡；不让母亲知情，是怕母亲为此担心。不久，悦来镇的青纱帐边记住了这一幕：马车拉着郑老师简单的行囊在前面行走。马成林、董若坤与她相依难舍地在去松花江船坞码头的羊肠小道上道别。依依惜别之际，郑志民说："再见了！既然我们一生都交给了党，在哪里干都是为了我们可爱的祖国……"

我们不应忘记，郑志民是在东北抗日战争进入到最艰苦的阶段投身抗日联军的。当时日本制造了卢沟桥事变。为了支持发动全面侵华战争，灭亡中国，日本急需在中国开辟一块稳固的后方基地。于是，侵略者便从殖民地朝鲜大量向东北增兵，以稳固后方。北满、三江地区成为日伪军"讨伐"的重点。日寇在这一地区从两个方面实施侵略的总体战略：一是，采用"烧光、杀光、抢光"的政策大肆破坏抗联游击根据地，制造无人区。同时又采用"集团部落"、保甲连坐等办法将抗日民众严密地控制起来，切断抗日武装与民众的联系。二是集中兵力对我抗日武装实施"铁壁合围""篦梳式扫荡"等战术，企图将抗日武装全部歼灭。抗日义勇军解散后，由于抗日斗争环境愈发恶劣，以及一些队伍政治立场不稳，一部分部队被敌人收编。正是这样，直接由共产党领导指挥的抗日武装就显得势力孤单了。所以，等待郑志民、吉乃臣等这些年轻的爱国志士的，将是一场激烈的苦战。

据当年活动在牡丹江下游的抗联第五军老战士回忆，1937年夏天的一天，省委秘书处的同志到丛林密营中来，领来个高个儿、容貌清俊且很文静的20来岁的妇女，向大家说："今天给你们调来一个文化教员，叫冷云。"冷云取自唐诗"冷云虚水石"的典故。就是说，她要以抗日的中流砥柱的形象出现在对敌斗争的前线。而单解"冷"字，还有冷酷对敌、冷静面世、冷静处事之义。

冷云在抗联五军的一年多时间里，多数时间住在地窨子。开始，她担任文化教员，后来被派到妇女团担任指导员。每天傍晚指战员们在林间空地上集合起来，看着这位女教员用烧焦了的树枝在白色的桦树皮上写字,耐心地教大家认。她能歌善舞,对活跃抗联的文娱生活起到了很大的作用,受到了领导和战士们的热烈欢迎。后来,组织上考虑到她政治上已比较成熟,且有组织领导能力,便派到妇女团担任指导员。冷云与吉乃臣一同到抗联后,真的结为夫妻。此时冷云已怀孕,每天挺着大肚子艰难地随军在山林中奔走。1938年初夏,冷云生下个女孩,丈夫却已在战斗中牺牲。部队西征前,她强忍悲痛,把仅两个月的女儿送给依兰县土城子的一对朝鲜族夫妇抚养。解放后,战友们曾去寻找烈士遗孤,却已不见那对夫妇,在战乱的年代中也许已死,也许迁移他乡了。今天如果那个女儿还活着,也会是70多岁的人了。

她转入部队后,敌人虽然进行了多次追查,但都被党组织设法掩盖过去了。她在奔赴抗日队伍前夕,董杰(字若坤,悦来镇北门里两级小学教员,中共党员)到她家看她时,她鼓励战友说:"若坤啊,在敌人眼皮底下干革命越来越难了,随时都会有危险的情况出现。我希望你以后工作更要谨慎小心……我们这一生,都交给了党,在哪里干都是为了挽救民族危亡而斗争。"她还在给董杰赠书上留言:"两山不能迁,两人能见面。盼那天,相逢日,祖国换新颜!"这充分表现了冷云对党和革命事业的忠心耿耿和在艰苦的斗争中始终充满必胜信心。在东北抗联经历的那种战史上罕见的林海雪原艰难苦战中,冷云等人坚持下来要比男人付出更大的努力,同

佳木斯市桦川县冷云英雄纪念雕塑

时也是鼓舞男性指战员的一种动力。旧式武装东北义勇军只斗争一年多便纷纷溃散,共产党领导的抗联却能长年坚持,出现这一区别恰恰在于是否有革命觉悟。冷云等人正是在党的教育和领导下,才能进行如此的苦斗,其拼搏精神是旧式的烈女远远不能比拟的。按照中国传统的节操观,冷云自然不能算"烈女",她曾为追求民族和个性的解放抛弃原来的丈夫,追求新的爱和新生活。用民族解放、妇女解放的角度来衡量,冷云却是现代意义上的巾帼英雄。"八女投江"所体现的精神,绝不仅仅是不甘受辱,还体现为与民族敌人血战到底的英雄气概。

在艰苦的对敌斗争中,抗联队伍每到一处,都扎根群众,鼓舞群众,号召人民起来参加抗日斗争。杨贵珍、安顺福、郭桂琴、王惠民4位烈士,就是抗联队伍播下革命种子结出的丰硕果实。

杨贵珍,中国共产党党员,班长。1920年10月出生在林口县东柳树河子村一个贫苦家庭。她团方脸,大眼睛,双眼皮,白白净净,太阳穴上有个疤痕,长得俊俏。身高1.6米多,健壮结实,举止稳重,性格温雅,待人诚挚。父亲杨景春,家境贫寒,但为人豪爽仗义,过路行人常在其家中居住,她家被称为"杨家店"。杨父有子女4人,杨贵珍排行老大,为前妻赵氏所生,是长女。

俘虏日寇的勇士
——杨贵珍

杨贵珍7岁丧母,15岁出嫁。第二年丈夫得病死了,婆家逼她"走道"(改嫁),她经常挨打受骂。成为寡妇的杨贵珍,命比黄连,婆家人时刻惦记着要把她远卖他乡,因为她是婆家用五担苞米换来的。父亲杨景春,为人豪爽,肯帮助人,路过的人经常到她家借宿,乡亲们都亲切地称她家为"杨家店"。当时,抗联五军周保中军长经常带领队伍来她们村,帮助老百姓干活,宣传抗日救国道理,教唱《贫民叹》,号召老百姓起来抗日,驱逐外患。杨贵珍家时常住女兵,战士们一边帮助干活,一边给她讲革命道理,使她的思想觉悟不断提高。1936年冬,抗联队伍来到她家乡一带活动,妇女团班长徐云卿动员她加入抗联,她冲破封建礼教的束缚,毅然离开家庭,起名杨贵珍。在小锅盔山和四道河子沟里抗联密营被服厂工作。有时候随部队下乡到群众中宣传抗日救国的道理,并以其亲身苦难遭遇现身说法,启发乡亲们的阶级觉悟。她工作积极,上进好学,作战勇敢。1937年,她加入了中国共产党,担任护理员、被服员、班长、副小队长等职务。

被传为佳话的是杨贵珍在鸡窝活捉日本兵的故事。这是发生在1937年1月28日由抗联第五军副军长柴世荣指挥的大盘道伏击战。在东北1月的天寒地冻的节气里,驻后刁翎街的日本步兵300余人,准备向林口方向撤走。撤走时,强征了老百姓200张雪地爬犁。消息经过地方抗日救国会传到了抗联第五军。第五军军长柴世荣对各方面情报进行了综合研究,认为后刁翎驻日军700余名,约一半兵力向林口方向移动,如若用爬犁也就七八十张就够用了,而日军要征调二百张以上,必定是要运送军用物资,其行动也势必笨重。于是,柴世荣决定打他一场伏击战,这场伏击战,柴副军长调动了第五军第二师第五团全部、军部警卫营、青年义勇军和妇女团的兵力。1月28日凌晨,抗联部队到达大盘道山上,柴世荣命令第五团及警卫营占领大道两旁柳条通和山坡上的阵地,军部和青年义勇军、妇女团控制在大盘道北面蛤蟆塘山顶,隐蔽待敌。中午时,日军大队进入到我军埋伏圈内。下午1时,我军指挥所的信号枪爆响,顿时,步枪、机枪和阻击炮像雨点一般猛烈射向敌人,日军被打得人仰马翻,没死的日本兵在公路上乱窜,摸不清东南西北盲目地开枪抵抗。这时,青年义勇军和妇女团的战士们像猛虎下山一样开始聚歼敌人。激战了3个多小时,下午4点战斗胜利结束。在这次战斗中332名日本兵被歼,另有28名被生俘。没死的鬼子在公路上乱窜,其中一个长相肥胖的鬼子兵,正往鸡笼子里钻,被妇女团战士杨贵珍发现,她上前朝这个屁股还露在外面的鬼子兵踹了两脚,然后与战友徐云卿一起把这个鬼子拽了出来。在战后总结时,领导表扬她勇敢,杨贵珍对其他女兵说道:"我当时就想抓鬼子,什么都忘记了。"

她在照顾伤员的工作中耐心精细。丈夫宁满昌负伤后,她受组织派遣,在山洞中悉心照料丈夫,待丈夫痊愈后,双双参加了西征。在战场上曾任班长、副小队长。丈夫在后续战斗中牺牲。在杨贵珍牺牲20多年后,东北烈士纪念馆研究人员温野同志找到了杨贵珍的父亲杨景春,这时他才知道自己的女儿加入了抗联,是"八女投江"中的英雄之一。老人说,她死得值,有骨气!

安顺福,朝鲜族,中国共产党党员,抗联第四军被服厂厂长。生于1915年,居住在穆棱县穆棱镇新安屯。家里靠种水稻为生。安顺福身体瘦弱矮小,长瓜脸,小眼睛,前额稍稍突起,举止稳重,被大家称为"安大姐"。丈夫朴德山,是抗联四

战友敬重的安大姐
——安顺福

军四团政委(已牺牲)。安顺福一家抗战,父兄和弟弟都是党员。1931年九一八事变后,屯子里成立了党支部和抗日救国先锋队组织。她就开始参加抗日救亡活动,是新安屯抗日儿童团员。

1933年1月因新安屯党支部书记张汉弼叛变投降,敌人对新安屯进行了疯狂的搜捕,有30多名党员和爱国志士被捕入狱,有七人被敌人活埋,这其中就有安顺福的父亲和弟弟。新安屯也被鬼子烧毁。民族恨,家国仇,使安顺福更加坚强。1933年加入青年团,她把抗日救国的工作做得很出色。1934年她参加了抗联四军,任四军被服厂厂长。她为了更好地参加抗日斗争和行军打仗方便,与许贤淑等四名抗联女战士一起将她们亲生的9个小孩送给老乡家抚养。1938年4月,抗联各军向宝清集中,5月从宝清出发开始西征,这时安顺福和其他女同志一同加入五军妇女团,随军西征。在征途中,安顺福和妇女团的同志,与男同志一样跋山涉水,翻岗越岭,穿行在鸟兽集居人迹罕见的深山老林里。一路风餐露宿,野菜野果充饥,生活极端困苦。她牺牲时,年仅23岁。

郭桂琴,女,战士。家住林口县刁翎四合村,乳名菊花,生于1921年。她早年丧母,寄养在外祖母老雷家。外祖母家很穷,整年穿着补丁摞补丁的衣服。她中等个儿,长脸庞,留着长长的辫子,性格活泼开朗,喜欢说笑,爱唱民间小调和扭秧歌。1936年6月的一天,在抗联五军一位王连长和一位女战士的引导下,她毅然剪掉长辫子,离开外祖母家,参加了抗联队伍。她牺牲时年仅16岁。牺牲前刚刚和抗联五军教导团分队长冯文礼订婚不久。冯文礼所在的部队在西征中被打散,流落民间。

军中百灵——郭桂琴

直到65年后的2003年,82岁的他才确认未婚妻早已牺牲。

黄桂清,1918年9月3日出生,黑龙江省林口县刁翎镇南园子人,妇女团战士。长瓜脸,眼珠黑白分明,相貌俊俏,身材窈窕,身高1.5米左右。全家是抗联的"堡垒户",家中经常住着抗联战士。因不堪忍受日寇的蹂躏奴役,全家积极参加抗日斗争,黄桂清参加了抗联五军,在妇女队中工作。她平时工作积极,好学上进,作战勇敢。因她家的屯子是"堡垒村",在日伪军残暴实行"三光政策"、制造无人区时,全屯房

"堡垒户"的女儿
——黄桂清

屋被日寇烧毁,黄桂清家人不知去向。她牺牲时年仅 20 岁。

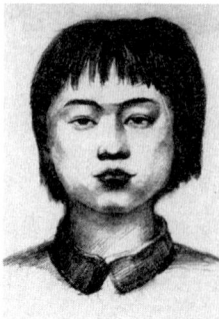

稚嫩的小大人
——王惠民

王慧民,女,战士,林口县刁翎四合村人,生于 1925 年。她中等个,爱说爱笑,很能吃苦。家里姐弟一大帮,房子叫日本兵给烧了,到处搬家。父亲外号叫"王皮袄",是抗联五军的一位副官,家里经常有抗联人员来往。王慧民 11 岁那年,就随父亲上山参加了抗联队伍,加入了东北抗联五军妇女团。徐云卿在《英雄的姐妹》中回忆,小王睡觉时总要抱着她的胳膊。有时徐云卿很晚才回宿营地,小王就瞪着大眼睛睡不着——分明是个还不能独立的孩子,在抗联队伍里却已经是战士了。她的父亲在战斗中牺牲,在她幼小的心田里播下了对日寇和汉奸的极端仇恨的火种。

她虽然年龄小,但处处以大人的模样做事,行军、打仗、送信样样争先,作战勇敢。她经常给伤病员唱歌,她最爱唱的歌是"日出东方分外红,曙光照满城,大家快觉醒,看看鬼子多奸凶,国家人民全叫它坑……"由于她声泪倾诉般的歌唱和奋勇果敢的精神,常常唱得伤员忘记了疼痛,唱得爱国志士摩拳擦掌……人们从这个活泼烂漫的少女身上,看到了中华民族抗争不屈的精神,看到了抗联将士的魂魄,看到了自己的革命志向和爱国责任。她牺牲时年仅 13 岁。以后遗体被战友们找到,葬在乌斯浑河边。

不让须眉的神枪手
——胡秀芝

胡秀芝,女,中国共产党党员。1918 年 12 月 30 日出生,汉族,黑龙江省林口县人,抗日英雄,牺牲前任东北抗日联军第五军妇女团班长。她个高,长相漂亮,出嫁后再也没回过娘家,1936 年春参加了抗联。她作战勇敢,曾带着两名战士潜行到敌哨所跟前,用手榴弹炸毁了日军据点。1937 年 2 月 1 日,夜袭前刁翎战斗之前的一段时间她负责与前刁翎地下党员进行联络、传递情报,保证了这次战斗获得击毙日寇 21 人、伪军营长 1 人、连长 2 人、排长 3 人、士兵 20 余人和俘虏伪军440 人的胜利。在掩护大部队突围中,与日寇战斗到弹尽粮绝,和冷云等七位巾帼英雄一道投江殉国,牺牲时年仅 20 岁。

李凤善,女,朝鲜族,战士。1918 年 10 月 31 日出生,黑龙江省林口县龙爪乡人。身高 1.6 米左右，体胖而健壮。长得漂亮，能歌善舞。参军后，东北抗日联军第五军妇女团战士。她积极上进，是做服装的巧手。经常随队伍下连，为战士缝补衣服，受到战士们的赞扬。她牺牲时，年仅 20 岁。李凤善与同在抗联第五军第二师的参谋长王效明曾有过一段刻骨铭心的恋情。据王效明的儿子王民讲，李凤善牺牲之后，王效明一直不娶。为此事，周保中将军曾三次骂他，希望他能在部队重新找到一位伴侣。王效明直到 1945 年抗战胜利后，才处理个人的婚姻问题。从

英雄——李凤善

这一份坚守，足以看出新中国成立后被授予少将军衔的王效明，对李凤善的感情有多深。

冷云、杨贵珍、胡秀芝、安顺福（朝鲜族）、郭桂琴、黄桂清、李凤善（朝鲜族）和王惠民八位巾帼英雄，以中华民族坚贞不屈誓与侵略者血战到底的伟大气概，谱写了东北抗日联军"八女投江"的英雄史诗，她们的崇高形象永远活在伟大的中国人民心中。

四、"八女投江"史学界考证经过

关于"八女投江"的历史考证，史学界、党史学界及研究抗联的民间学者从1946 年起到至今的考证先后经历了 70 多年的时间。学者们投入了大量的时间查阅史料并走访了见证人，整理成文字材料公布于众。新闻媒体对"八女投江"的事迹做了大量的报道，使其成为爱国主义的生动教材。在对"八女投江"的历史考证中，先后有颜一烟、徐云卿、胡真一、董杰、温野、于春芳、徐文芳、姜宝才、赵海龙等同志付出了艰辛的努力，为再现东北抗联八位女战士的英雄壮举做出了突出的贡献，我们应向他们致敬！

抗战胜利后的 1946 年 5 月，原抗联第三路军政委冯仲云撰写了《东北抗日联军十四年苦斗简史》，其中提到了八女投江。而让八女投江真正广为人知的是作家颜一烟——1948 年她在东北电影制片厂当编剧，开始创作反映东北抗联的电影剧本，核心故事就是她听人讲述的八女投江。

颜一烟，是第一位挖掘并宣扬冷云事迹的人。她是位满族女作家，生于北平。从河北省女子师范学院毕业后，赴日本留学，进入早稻田大学文学部学习。回国后即参加上海救亡演出二队，做秘书、编剧和演员。到延安后，任抗日军政大学文工

团剧作组长,任鲁迅艺术学院艺术指导科教员,任鲁艺编译处翻译员。1945年9月,她随由舒群率领的东北干部团第八中队来到东北。同年12月,东北文工一团成立,她来到佳木斯,任编辑组长。颜一烟是个大才女,很快地创作出话剧《东北人民大翻身》,秧歌剧《血泪仇》(改编)、《农家乐》,短篇小说集《保江山》等。

1948年,奉调担任东北电影制片厂编剧,颜一烟即到东北各地搜集东北抗联的素材。前后历时将近半年,她在佳木斯、吉林、牡丹江、克山、北安、哈尔滨、齐齐哈尔、长春、沈阳、安东等东北解放区的城市,采访了一百多位参加过抗联的战士,其中包括抗联的领导人周保中、冯仲云、李延禄、张瑞麟、陈雷等。采访中,颜一烟以一个女人的视角发现了一大批抗联女英雄,于是在当时的《东北日报》连续地发表了系列报道,宣扬她们的动人事迹。特别是周保中将军介绍的以冷云为首的十几位女英雄行为,使她产生了强烈的创作冲动和设想。在接触到这许多材料之后,她深深地感到:若是写抗联斗争,不但要写东北人民的艰苦奋斗,英勇牺牲,而且更要写这种伟大的国际主义精神。因此,她提出了计划,经过当时的抗联的领导者冯仲云和东影厂艺术处长陈波儿同意之后,她就决定写《八女投江》。为此当面请教了冯仲云,由于冯仲云不是亲历者,所以帮颜一烟联系了很多抗联老战士做采访。剧本《中华女儿》完成后,颜一烟有些顾虑,因为当时八女投江的细节还不是很清楚,剧本是很多抗联女战士故事的集合。由于她掌握了大量的素材,仅用不到一个月的时间,即创作完成了电影剧本,改题目为《中华女儿》。剧本塑造了以胡秀芝和冷云为代表的抗联女战士的光辉形象。描写了胡秀芝从一位普通农妇成长为抗日英雄的觉悟过程。着力表现她对敌人的无比仇恨和为全局利益承担风险的崇高思想品格和誓死不屈的自我牺牲精神。在八名女战士中有安大姐和小金两名女战士,这是对中朝两国人民共同抗击日本帝国主义的抗联历史的具体反映。影片由凌子风和翟强联合导演。影片结尾——八女投江的场面,处理得非常悲壮。战斗中,女指导员冷云牺牲,为了不使敌人得到她的尸体,以胡秀芝为首的七名女战士抬着牺牲了的指导员,边打边退。把所有子弹打完,她们便砸碎枪支,用手榴弹迎击进攻的敌人。在枪林弹雨中,她们一步步退到江边,高高举起女指导员冷云的尸体,踏入汹涌奔腾的波涛。在这里,导演用一组镜头对八位女英雄的业绩做了大胆的概括:让八位女英雄的形象缓缓通过,同时配以赞美英雄永垂不朽的大合唱。影片拍竣,时任厂长的吴印咸带着《中华女儿》样片赴京送审,颇得文化部、电影局领导好评。文化部决定将此片作为庆祝苏联电影 30 周年纪念节的礼物之一,送给苏联,此片将在莫斯科放映,将献给参加苏联电影节的各国代表。世界电影史学家萨杜尔曾把这些女英雄之死比作夏伯阳的牺牲。

《中华女儿》是颜一烟的第一部电影剧作,也是她的成名作。更为重要的是,《中华女儿》是反映东北抗联题材电影的开山之作,通过它,让全中国甚至全世界知道了冷云等东北抗联英雄的事迹。《中华女儿》上映后大获成功,影片首次塑造了八女投江的银幕形象,以她们为载体、展现中华儿女在面对强敌侵略时的不屈和英勇,感人至深。八女投江的故事也随着这部电影传遍中国乃至世界。因此颜一烟是第一个对八女投江进行考证的,只是偏于艺术加工——其实她即便想详细考证、条件也不成熟:那时全国尚未解放,周保中忙于东北战事,虽曾在病榻上接受了颜一烟采访,也只是对抗联日记的补充,帮助有限且不系统。

真正意义上的八女投江史实考证是 1962 年开始的,来自专业的历史研究者。在东北烈士纪念馆温野老师及其以后众多人士、史学工作者的辛勤努力下,对"八女投江"作了详细考证,还原了历史的"本真",逐渐使人们对"八女投江"有了比较全面的了解。

温野,1935 年生,东北人民大学(今吉林大学)毕业。1957 年,刚从吉林大学毕业的温野被分配到东北烈士纪念馆,此后一直在这里工作、直到以副馆长的职务退休,主要从事东北革命史研究工作。1995 年退休后被聘为黑龙江省文博专家组成员,省文物鉴定委员会委员。他到东北烈士纪念馆时,纪念馆工作刚刚起步,专业人员很少、史实介绍简单。关于八女投江只有一幅油画,附有冷云极简单的介绍,"八女投江"发生在何时、何地,她们姓甚名谁,其余细节则不清楚,讲解员以电影《中华女儿》为基准来讲述。温野认为纪念馆的陈列必须是真实的,否则便失去历史价值。

1962 年,在温野的申请下,八女投江史实调研被列入了纪念馆的主要研究课题。当时温野手头资料很少,甚至需要找颜一烟等人询问八位战士的姓名,辗转得知是冷云、安大姐、胡秀芝、杨贵珍、黄桂芳、王惠民、郭桂琴、小于。周保中当时正在病中,病榻之上的他忍着呼吸困难,为温野尽力讲述了"八女投江"的事迹。更多的内容,则在周保中此前完成的一篇回忆文章中。温野的收获还不止于此,他渐渐注意到了八女所代表的、长期被忽视的一个群体:东北抗联女战士。温野调查工作开始时,回忆抗联女战士的新书《英雄的姐妹》出版了,作者正是当年冷云的战友徐云卿。徐云卿回忆,她和冷云并肩战斗、一起参加了1938年的西征,西征遇阻之后,部队分兵行动,她就是那时和冷云分开的,一年后,她才得知冷云牺牲的消息。温野很快按图索骥,找到了时任长春市制鞋厂副厂长的徐云卿。

据徐云卿回忆,妇女团像作战部队一样,有步兵、骑兵、侦察兵、通讯兵,甚至还有机枪手,但是女性毕竟身体柔弱,她们当中的大部分是在密营的医院、被服厂从事后勤工作。

从1937年冬季开始,日本侵略者陆续增兵于北满和吉东地区,对东北抗联进行"三江大讨伐"。抗联的斗争进入了最困难的时期。

在这种严峻的形势下,中共吉东省委和东北抗日联军第二路军总指挥部决定,将第二路军所辖的四军、五军等部队组成远征军,从所在的根据地出发,分三路向西南的五常县等地区远征,冲出日伪军的军事包围圈,这也就是东北抗联的第四军、第五军的"西征"。

1938年7月,由抗联四军、五军与救世军等部队组成的约2000人的西征部队,从莲花泡出发,踏上了艰苦卓绝的西征之途。

在四道河子密营,抗联部队会合了五军妇女团等后方人员。这里有妇女团的一个大队,当时共有30多名女战士。大队指导员就是冷云——妇女团当时的领导人。

徐云卿也是妇女团成员,正在这个大队,和冷云非常熟悉要好。她在书中也写到了"八女投江",但是整个过程她并没有看到。

徐云卿回忆,西征部队到达现在的尚志市楼山镇附近时,随身携带的粮食和弹药几乎消耗殆尽。为了得到补给,西征部队决定攻打楼山镇。

楼山镇战斗取得了胜利,但是也暴露了行踪,日军从哈尔滨等地调集重兵对抗联进行"围剿",迫使西征部队再次调整计划,兵分两路。她就是在那里与冷云等人分别的,直到一年后,她才从战友的口中听说了"八女投江"的壮举。

徐云卿给温野提供了不少线索,另外她给温野介绍了一个给抗联领导当过警卫员、名叫金寿山的战士,他因为紧随领导、知道很多细节。温野当即赶到金寿山所在的吉林市,金寿山则带他去找自己知道更多细节的父亲金尚杰:一位吉林市郊区大屯公社柳树屯大队普通农民。很多人不知道他曾参加过抗联、更不知道他曾经的名字:金世峰——他就是周保中日记中记载的与八女一起投江牺牲的金世峰。金世峰原是抗联第五军一师参谋。温野找到他的时候,老人已经70多岁了。20多年前那壮烈的一幕,是老人不愿触碰却永不磨灭的记忆。正是在那天惨烈的战斗后,金世峰与抗联部队失散。在日伪统治之下,为了生存,他不得不隐姓埋名,归隐在乡。他向温野讲述了战斗的细节——比如八女投江的具体地点。确切地说,并不是江而是乌斯浑河(满语:汹涌的河流)。它在八女牺牲地的两公里后向北汇入牡丹江。八女投江的说法,说的是殉难牡丹江,并非错误,但不准确。温野的考据是对八女投江的第一次史实调查,金世峰的讲述和周保中、徐云卿的记载一致,八位战士牺牲的情形终见天日,八女投江的史实也已调研清楚。

后来温野老师于1962年8月17日和12月6日对金世峰进行了两次采访,并将采访记录稿于1986年3月17日重新进行了整理,收录在《八女投江文史辑》中,原文的标题是《八女投江幸存者金石峰回忆录》。

我原名叫金石峰(又叫世峰),现名金尚杰,中共党员,住在吉林市郊区大屯公社柳树屯大队,已经七十岁了。参加革命较早,也算是老资格。1938年春天,东北抗日联军第二路军总指挥周保中同志,从宝清县七星河给我来信,让我去苏联学习。但抗联第五军政治部主任宋一夫却不叫我去,让我跟他们进行西征。当时我是五军一师师部参谋。由于我在五军时间较长,军、师的领导干部和我都很熟悉,关系也较好。

大约是这年阴历五月,我们第五军四百多人和第四军等部队共一千余人,按照第二路军总指挥部的指示;从刁翎县莲花泡出发,向五常、舒兰一带进行西征,目的是为了打破敌人的包围圈,开辟新的游击区,与在五常一带的抗联部队取得联系,更有力地打击敌人。

部队出发后,过了三道河子,又越过老爷岭几百里的深山密林,到达苇河县东北部的楼山镇附近。这里是敌人一个重要据点。部队领导对攻打楼山镇进行了研究和部署,原计划天不亮就打进去,但时间搞错了,天亮后我们才攻进楼山街里,敌人还睡觉呢。我们喊了不许动,要枪不要命,伪军警都缴械投降了。我们得了两挺轻机枪,六十多支步枪和一大批给养。

攻打楼山镇胜利后,五军军长柴世荣率军部小队返回牡丹江地区。我们一师和二师及四军部队继续前进。这时又打了一仗，后来过苇河，进入一面坡后沟大青川。在这里，五军政治部主任宋一夫思想动摇，携带部队活动经费三百元和一支匣枪逃跑投敌，成了可耻的叛徒。二师无人领导，统归一师师长关书范指挥。四军和五军已分开活动，五军队伍又继续前进。

在五常县的冲河沟里，我们与抗联第十军军长汪亚臣见面，召开了干部会议，讨论了今后军事活动等问题。在这里没住多久，又向五常方向进军，最后到了五常东南山里。这时因队伍一路作战和没有粮食吃，在五常山里又遭受敌人攻击，部队损失很大，有些人动摇溃散，只剩下一百多人了，武器也只有一挺轻机枪和一些步枪、短枪了，子弹也很少。

队伍在这里无法进行活动，师部领导经过研究决定，只得返回刁翎一带寻找五军军部。这时已是阴历七月间了。我们沿着来时路线经过冲河、苇河，由横道河子过铁道，奔海林县后沟。一路上没有粮食吃，就吃山韭菜、山梨、干蘑菇，还捡些干葡萄当盐吃，有时也扒树皮吃。白天怕敌人发现，不敢生火，等天黑了，才能生火烧点开水喝。大家的衣服都划破了，身体非常衰弱，但大家毫不动摇，坚决要找到军部，宁死不投降。

我们走到柴河北佛塔密沟时，已经快过八月节了。当时没有吃的，大家饿得实在不行了，就在一天上午拦住了老百姓拉木头的两辆牛车，共四头牛，给他们留下两头，一辆车套一头牛，赶回去。我们赶走了两头牛，并向他们说明，如能给我们送些粮食和盐，就把牛还给他们。但他们回去后没有送粮食来。当时我们也讨论过，杀老百姓的牛吃是不对的，是违反群众纪律的，但因队伍饿得实在没办法，才这样做了。我们也和赶车老板说了，我们没有钱，若是有钱就给你们钱。他们害怕我们是红胡子（即土匪），我们说不是"胡子"，是打鬼子的抗日军。

从佛塔密又往北走，过了头道河子，在半砬子截获敌人木营的三只船，我们坐船过了牡丹江。船上有些吃的，解决了队伍的部分饥饿。到了山东屯，群众对我们很热情，杀了一口猪招待我们，大家算吃上一顿饱饭。

然后继续往东北走，于阴历八月末到了刁翎县（现林口县）境内的徐家屯沟外。这天夜里，队伍露宿在刁翎河，即乌斯浑河西岸，当时以为叫刁翎河。夜里特别冷，大家点着篝火取暖。

第二天天没亮,师部下令准备过河。因为我会洇水,关师长命令我带领妇女团的八名女同志首先过河。当时女同志只有这八名了,我记得有冷云同志,她是中等个,短发,脸晒黑了,脸型是上窄下宽,有点胖(膀);黄某某,小个,长得俊俏,黄白净子,眼珠黑白分明;胡某某,高个儿,长得也很好看;安大姐是朝鲜族,已经结婚。那四位,我记不起来了。当我们正要下河时,突然响起了密集的枪声,原来我们被敌人包围了。听枪声,敌人是在我们后边,这样我们只得过河。当时,这条河还在涨水,河水很急,很宽,能有100多米,河水又深又凉。当我游到对岸,已冻得要死,可是回头一看,八位女同志一个也没有过来,她们都牺牲在河里了。

当时包围我们的敌人是从后边来的,对面没有敌人,不然我是过不到河那边去的。我们的大队没有过河,他们可能顺着河边撤到西山上去了。又经过一阵激烈战斗,枪声由密渐渐稀了,直到完全平静。有关队伍的战斗情况我就不清楚了,以后我就和队伍失去了联系,他们的活动我也不知道了。

我儿子金寿山,当时在五军军部当战士。后来,关师长带队伍回到军部的事,他知道一些。我是在解放后,我们父子见面才听他讲了一些情况。

这八位女同志是很坚强的,她们和男同志一样战斗、行军,吃了很多苦。她们的革命精神是值得人们很好学习的。

不过,金世峰在抗联时和妇女团接触不多,他只认识冷云,另外七人连名字都不知道。

"八女"都是谁?温野的考证又回到了起点。

周保中的回忆文章里记载最详细:冷云、安大姐、胡秀芝、杨贵珍、黄桂芳、王惠民、郭桂琴、小于。

徐云卿的回忆里,八个人中只能想起七个,而且多是口头称呼:胡班长、冷云、杨贵珍、小黄、小王、小郭、安大姐等八个女同志。

据黑龙江省林口县抗联史研究专家于春芳说,抗联的斗争环境异常艰难,人员档案根本没有条件建立,有太多的人牺牲了却连名字都没有留下。当年加入抗联是要冒生命危险的,很多人都用了化名。还有些人特别是女战士,加入抗联时连正式的名字也没有。在"八女投江"20多年后,周保中和徐云卿还能记住这些名字已经很不容易了。

比对这两份记忆,虽不完全一致,但重合度很高,这些名字后面对应的人应该是一致的。温野又对照了东北烈士纪念馆的史料,也只确认了冷云、杨贵珍、胡秀芝(胡班长)三个名字。至于她们的生平,除了冷云之外,另外七人几乎还是一片空白。

温野和东北烈士纪念馆的同事陈雨静、迟凤山三人组成调查小组,开始深入当年抗联五军活动的林口县实地考察。考虑到沿途都是深山老林,难免碰到虎狼等野兽,除了照相机和记录本等,调查小组还携带了枪支弹药。

调查行程千余里,虽然衣食准备充分,他们还是遭遇了饥饿劳顿,也经历了江边宿营。温野说:"当在江边沙滩上点起篝火取暖时,上半夜还好过,下半夜是又困又冷,正如李兆麟将军写的《露营之歌》中的名句'火烤胸前暖,风吹背后寒。'这时我才真体会到当年东北抗联的露营艰苦生活。"

辛苦总算没有白费,在这次实地考察中,他们找到了杨贵珍烈士的父亲杨景春、原五军教导团的战士刘广有、原五军妇女团女战士张淑兰、冷云的哥哥郑殿臣、战友董若坤……通过这些人的讲述和回忆,"八女"的身世逐渐拼凑还原,她们的名字终于得以被今人所知。温野关于"八女投江"的史实调查不但是第一次、而且是成果最大的一次。在后来的历次考据中,更多细节被发掘,包括战士的姓名、生平及具体日期等更多线索。

温野老师的文章《"八女投江"事迹查实》《东北抗日联军"八女投江"事迹新探》等发表于报刊和收入有关典籍。他的研究成果让八位女战士的事迹公众于世,推动了学术界对"八女投江"的进一步研究。

由东北烈士纪念馆"八女投江"事迹调查小组集体调查、温野老师执笔的史学界第一篇考察"八女投江"史实的文章《东北抗日联军"八女投江"事迹新探》一文发表在1962年《黑龙江日报》中。文章详述了"八女投江"的历史经过并对八位女战士的生平做了略述。

东北抗联"八女投江"事迹惊天地,泣鬼神,感人至深。但就现有一些具有史料价值的文字记载来看,对这一事件的详细情况仍不够清楚。

为了进一步查清"八女投江"的史实,东北烈士纪念馆组织的"八女投江"

事迹的专题调查小组,在党政部门的支持和群众的协助下,沿着英雄八女所在的抗日联军某部队走过的道路,顺着我省林口县境的乌斯浑河,步行了六七百里,访问了数十位同志,并到了"八女投江"现地进行了遗址考察,最后终于查清了这一事迹的全部经过,虽然某些细节还有出入,但基本史实却近于准确了。

现在将我们调查的"八女投江"事迹写在下面。

1938年春,敌人对东北抗日联军加紧围攻,企图将抗联北逼到"国境线"一带,然后一举消灭。抗联第二路军总指挥部指示活动在依兰和宝清一带的第五军和第四军的部分队伍向吉林东部和长白山地区远征,以便和抗联第一路军及第十军取得联系,展开更猛烈的游击战斗。

1938年夏初,抗联五军和四军在刁翎(现在林口县境内)一带会师后开始远征。好多女同志也参加了这支队伍。

远征队伍在三道通(现属林口县)袭击了伪警察办事处,得到了很多粮食,补充了部队的给养。

队伍继续前进,在楼山(现在的尚志县)境后,又返回刁翎一带。留下的五军和四军队伍分路前进,继续远征。五军的一师、二师这时合并到一起。

五军远征部队在旧历七月中旬左右到达冲河(现在五常县境)山里与抗联第十军(军长汪亚臣)会师。在这里,两军领导干部举行了军事会议,讨论了当前形势和以后的活动问题。五军远征部队克服重重困难,终于完成了和兄弟部队取得联系的任务。

但是,当他们离开这里,再向五常方面活动时却暴露了目标,遭到敌人数次围攻,战斗异常激烈,队伍损失很大,最后突出重围,决定返回牡丹江沿岸休整。

随军远征的四军女同志,后来都和五军妇女团合并到一起,在艰苦的行军和激烈的战斗中她们都经受住了考验,表现了革命战士英勇无畏的精神。她们在战斗中有些壮烈地牺牲了,最后只剩下八名同志,她们的名字确实可靠者有冷云(指导员),胡秀芝(班长)、杨贵珍(班长)、安顺福(朝鲜族,原四军被服厂厂长)、郭桂琴(战士)。其他三名同志的名字还有些出入,她们的名字是:黄桂清(战士)、王惠民(战士)、李凤善(朝鲜族,战士)。

这八名女同志身经百战,意志如钢,具有高度的革命乐观主义精神,在长期战斗中,没有一个人掉队。紧紧跟着队伍,一去一回,几千里路,同志们的衣服和鞋子早都破烂不堪了,没有粮食吃,大家就吃野菜和野草,生活的艰辛和疾病的折磨,不少同志牺牲了,但活着的人却没有被困难所吓倒。坚强的八名女同志和男同志一样,英勇地战胜了各种困难,出色地完成了自己分担的各种工作任务,最后终于回到了牡丹江畔。

他们从佛塔密北趟过头道河子,在牛碲子(三道通现属海林县)截获了敌人木营三只船,渡过牡丹江,然后一直拉山道向北走。

旧历九月初的一天晚上,他们露宿在乌斯浑河尽头距牡丹江入口处只有七八里路的柞木岗山下,这里距现在的刁翎公社三家子大队(现属林口县)也只有七八里路,河东岸是大小关门嘴子山。

这里也是当时的渡河道口,他们想从这里过河去喀斯喀(此地在林口县境牡丹江西岸)密营寻找五军军部。他们所以没有沿牡丹江西岸往北走,主要是因江西敌人太多,到处都有据点,他们的行动容易暴露,所以才拉荒山过来从这里渡河,然后和地方组织接上关系,再绕过江西寻找军部,他们估计军部可能在喀斯喀。

这时队伍还有一百来人,他们在山根下、河岸上分散地打了十几个火堆取暖。

不幸,他们的行动已被敌人发现,住在离这里二十几里路远的"样子沟"(现属林口县刁翎公社)的大特务葛海禄带着日本守备队连夜追来,潜伏在我们队伍附近。

第二天拂晓,会游水的师部参谋金石峰同志带领冷云等八名女同志先行渡河。当时乌斯浑河正在涨水,河水又宽又深又急又凉。金石峰同志先下水试探深浅,游过了对岸。冷云等八名女同志也准备下河,就在这时敌人从背后包围过来,枪声像爆豆似的响,子弹如雨点般飞来。

大队一边还击,一边突破包围,向西山柞木岗上撤去。

冷云等八名女同志被敌人截断在河边,她们和大队失去了联系。敌人追不上我们大队,就集中火力向八位女同志射击,步步逼近,并企图活捉她们。

敌人的如意算盘打错了,冷云等八位女同志虽然人少力单,使的又都是短枪,没有重火力,但她们却丝毫没有胆怯,在冷云同志的指挥下,猛烈地向敌人还击。

很快她们的子弹就打光了,有的同志也负了重伤,敌人看见她们弹尽了,就疯狂地冲了上来,并嗥叫着:"投降!""捉活的!"

前面是凶恶的敌人,背后是波涛汹涌的乌斯浑河,就在这千钧一发之际,冷云等八名女同志毫不犹豫,从容地架起了负伤的战友,手挽着手,高唱着战歌,决然地跳下了水深浪急寒流刺骨的乌斯浑河……

这八位女英雄的生前斗争事迹有的知道得多些,有的则很少。

八女之一的冷云同志,原名郑志民,乳名郑香芝,黑龙江省桦川县悦来镇人,1915年生。1931年至1935年在佳木斯市桦川县立女子师范学校读书,1934年加入中国共产党,在佳木斯市委领导下从事抗日工作。1936年夏转入抗联五军,在秘书处做文化教育工作。1938年夏初随五军一师远征,任妇女团政治指导员,牺牲时年仅23岁。冷云同志在长期的革命斗争中,锻炼得英勇坚强,不愧为党的好女儿,中华民族的好女儿。

八女中的杨贵珍同志,黑龙江省林口县东柳树河子(现在莲花乡东兴大队)人。1920年旧历十月生在一个贫苦农民家里,七岁丧母。由于家贫,十七岁就出了嫁,不幸不到半年丈夫就死了,她在婆家受尽了打骂之苦。这年(1936年)冬天,抗联五军到这一带活动,妇女团的同志们经常和她接近,劝她参加抗联。杨贵珍同志接受了新思想,勇敢地摆脱了封建家庭的束缚,于这年旧历十一月参加了抗联五军妇女团。她原本没有名字,"贵珍"这个名字是到部队后大家给她起的,意思是她参加抗联很不容易,很值得宝贵。杨贵珍同志参军后在密营被服厂工作,她在党的教育和同志们的帮助下,进步很快,1937年秋天,光荣地加入了中国共产党,1938年夏初,随五军一师远征,这时她已被提升为班长了,她对革命事业一直是忠诚、坚定,从没有动摇过,直至最后牺牲,当时她才十九岁。

八女中的安顺福同志,即是电影《中华女儿》中的安大姐(原型)。安顺福同志,朝鲜族,中国共产党员,黑龙江省穆棱县人。她原是抗联四军被服厂厂长,她丈夫朴德山是四军四团政治委员(已牺牲)。1938年夏,抗联四、五两军一块远征时,安顺福和四军其他女同志都归到五军妇女团一起。安顺福同志牺牲时也只有 23 岁。

八女中的其他五名同志的简历就不详细了,只知郭桂琴和黄桂清二同志都是刁翎富锦的人,她们参加抗联时岁数都很小。

八女的名字现在可以肯定有冷云、杨贵珍、胡秀芝、安顺福、郭桂琴。其他三名同志的姓名还有些出入。"黄桂清"同志很多人都说有她,只是名字不统一,有的说叫"黄桂英",周保中同志写的是"黄桂芳",不过说"黄桂清"的人较多,所以我们暂时确定为"黄桂清"。

"王惠民"这个名字是周保中同志写的,八女中确实有一位姓王的,但名字不一样,我们了解到的就有"王新民""王义民""王玉芝""王桂兰"等好几个,这里我们确定以周保中同志写的为依据,即"王惠民"。

李凤善同志,朝鲜族,有的人讲"八女投江"中有她一个,但不能肯定。周保中同志写的八女名字中没有她,而写的是小于(没有名),不知道她俩是不是一个人,"于"和"李"字音较近,有可能记混。另外,周保中同志曾经说过八女中有两位是朝鲜族同志,其中一位姓安。姓安的即安顺福同志,那么另一位朝鲜族同志是谁呢?周保中同志写的冷云、胡秀芝、杨贵珍、黄桂芳、王惠民、郭桂琴等六名同志都是汉族,显然只有小于同志是朝鲜族了,但小于同志仅仅有姓而没有名,我们了解到李凤善同志和小于同志的情况比较相近,所以我们认为李凤善同志一说较为可靠,因朝鲜族同志姓于的很少,几乎没有,但姓李的却较多。

徐云卿同志在她的《英雄的姐妹》一书中写的七名女同志的姓和我们了解到的情况完全相同,只是没有名字。

根据上述情况和分析,八位女英雄的姓名基本上可以确定下来,八女的牺牲地和战斗经过也基本上可以肯定了。至于那些暂时还没有统一的地方,则有待今后更进一步调查研究,也望对这方面有了解的同志不吝赐教,以便把"八女投江"这一事迹的史实补充得更精确完整生动。

八位女英雄的光辉名字和烈士们的崇高精神永垂不朽,永留史册!

1962 年 12 月 25 日于东北烈士纪念馆

温野老师在考证调研过程中采访到了林口县三道通镇五道河子的老住户卢英

福老人,老人家做了口述回忆,由温野老师进行整理,文章收录在《史海存珍》一书中。

　　我们还在三道通乡五道河子大队访问了当地老户卢英福,他讲了伪康德五年(1938 年)八月节后的一天夜里,抗联五军一部分队伍露宿在乌斯浑河西岸柞木岗山下的沙滩上,他们把费文金把头堆在沙滩上的木绊子垛烧着了取暖,被样子沟的大特务葛海禄发现,报告了日本守备队,连夜领着敌人来围攻抗联部队。第二天天刚亮部队起队,先让八个女的从道口过河,敌人开枪,八个女的死在河里,大队边打边撤上西山。卢英福因为当天有事,下午到了乌斯浑河道口,他还捡到日军丢下的四条白手巾。当时抗联烧的火堆还有残火冒烟呢。他到了柞木岗里老王头的小窝棚歇脚,天黑时五军的一部分队伍又回到这里了解情况,讲了早上战斗的事。

　　温野老师将史实考证过程中的经过情况,形成了文稿,收录在《史海存真》一书中。在于春芳老师的《"八女投江"史实考》一书中,也收录了这部分内容,由温野执笔,文章标题为《"八女投江"事迹查实》。

　　感天动地的东北抗日联军"八女投江"事迹,不仅在东北人民抗日斗争史上写下了不朽的篇章,就是在整个中华民族的解放斗争史上也留下了壮丽的一页。"八女投江"事迹不仅在国内广泛传颂,就是在国际上也有一定的影响。根据这一素材创作摄制的电影《中华女儿》,曾荣获 1950 年第五届国际电影节"自由斗争奖"。

　　这一事迹可以说是家喻户晓。但当上个世纪 50 年代后期,我从东北人民大学中文系毕业,志愿到东北烈士纪念馆从事革命斗争史和烈士事迹研究工作时,却发现那些反映"八女投江"事迹的文艺作品都是根据传说编辑而成的,就连本馆陈列的"八女投江"事迹也只是一幅油画作品和八女之一冷云的极其简单的简历,说不清楚史实。至于这一事件发生在何年、何月、何地,八位女烈士的姓名、具体的战斗情节等等,没有确切的资料记载。馆内领导和业务人员因没有做过调查研究,也都不了解,因而向观众讲不出更生动的具体内容,回答不了观众提出的各种问题。文艺作品可以不完全是真人真事,允许艺术加工和虚构人物、故事情节,但烈士纪念馆的陈列却必须是真实的,一定要真人真事,不能编造,否则便失去历史价值,影响纪念馆的教育效果。我想既然有人说:"八女投江"确有其事,那就一定会有人了解,时间虽然过去20来年了,但当年抗联的一些老同志大部分都还健在,只是没有人进行调查而已,面对这个现实,我决心对"八女投江"进行调查研究,将其史实搞清楚。我向馆领导提出请求得到同意。于是从1962年初开始,我们把查清"八女投江"史实列入当年烈士馆的主要科研课题,制定了具体工作计划,首先汇集有关史料,以便从中找出调查线索,拟订调查计划。

当时能查到的有关"八女投江"事迹的具有史料价值的却很少,而且都不具体。最早提到"八女投江"之说的,大约是1946年5月,辽东建国书社出版的由原东北抗日联军第三路军政委、已任松江省政府主席的冯仲云等人撰写的《东北抗日联军十四年苦斗简史》一书,在回忆抗日烈士冷云时概要的写了几笔:"一九三八年秋天,佳木斯的一个小学校女教员冷云同志,她也加入了游击队作秘密工作。一天,随着一个小队的游击队员休息在牡丹江岸上,这里尚有妇女7人,大家正在举火作炊的当儿,忽然被敌人三面包围上来,前面是江,只有这队男游击队员会泅水的,都泅过去了,但是所余下的她们八名妇女全部望洋无法,况且当时牡丹江秋水泛滥的时候,水势又非常的急,她们八人宁死不肯被敌所俘,她们一同视死如归地投入了牡丹江的怒涛中去了。"

再有见到电影文学剧本《中华女儿》的作者颜一烟,她在1950年11月写的谈《中华女儿》写作经过的文章《第一次的学习》。她是1948年冬调到东北电影制片厂工作后,才开始搜集东北抗日联军斗争史料,特别是"八女投江"事迹的。她说:"我访问了所有能够访问到的、当时在东北参加抗联的同志。从当时的领导者冯仲云、周保中、于天放、张瑞麟等同志,直到当时的战士,但是,关于'八女投江'却访问不到更多的材料,只是在哈尔滨抗日烈士纪念馆,有一幅动人的'八女投江'油画,再就是一篇冷云同志的介绍,很简单,只能知道冷云同志以前是佳木斯的小学教员,作地下工作,后来和丈夫一起到了部队。另外七位女英雄的生前,就连这一点材料也没有了。周保中同志当时是第五军军长(八位女英雄都在第五军),但是,他也只能告诉我八女投江是事实,一次出发,在江边被敌人包围,抵抗数小时弹尽后,宁死不作俘虏,英勇壮烈地投江牺牲了。当我问到这八位女英雄的历史时,周保中同志除了告诉我有个胡秀芝,打仗很英勇之外,还告诉我这八位女英雄中,有两位朝鲜同志,其中一位姓安,她们也是毫不犹豫地跟中国女同志一起,在中国的抗日战争中流进了最后一滴血。"

尽管颜一烟她未搜集到有关"八女投江"的具体资料,但她讲到周保中说"八女投江"是事实,还说出了冷云、胡秀芝两个具体人名及姓安的朝鲜族女同志。为此我感到有必要去北京访问周保中。到北京后方知周保中有病,未接见,但却得到他在《中国妇女》杂志1961年第8期上发表的文章《东北抗日游击战争中的英雄妇女》,文中简要地讲了"八女投江"的情况:"在佳木斯当小学教师的党的地下工作者冷云同志,一九三七年由地方转到抗日联军第五军作文化教育工作。一九三八年初,她随抗联四、五两军西征部队游击到哈尔滨东南地区。冷云同志被编入妇女队,经过半年的战斗锻炼,革命意志更加坚强了。这年初冬,部队返回牡丹江地区整补,遇到日寇大兵进攻。在牡丹江乌斯浑河口附近一次激战中,冷云同志与安大姐、胡秀芝、杨贵珍、黄桂芳、王惠民、郭桂琴、小于等八位女战士,在战况极其不利的情况下,手挽手横渡急流,奋力对敌战斗。直到敌人从两岸夹击,上、下游兜围,她们战斗到气尽力竭,并有数人身受重伤,这八位中华民族的优秀女儿,无产阶级战士,最后高唱国际歌,高呼:'共产党万岁!''抗日必胜万岁!'宁死不屈,葬身在牡丹江中。"

周保中在文中写出了"八女投江"战斗的时间、地点和人名。但仍不具体确切。还要进一步调查认证。而这已经提供了很有价值的史料。

这时我又得到了一个重要调查线索,即写过革命回忆录《英雄的姐妹》一书的作者徐云卿,时任长春市制鞋厂副厂长。她写的《英雄的姐妹》1960年4月出版,我看过。但因当时不知她在何处,而未去访问她。她原是五军妇女团的小队长,"八女投江"的女战士也都是五军妇女团的,八女中的冷云、杨贵珍、王惠民她比较熟悉。我仍感到有必要亲自去访问她,以便对一些关键问题得到认证。于是在1962年的8月中旬我去了长春市,16日上午到制鞋厂找到徐云卿。经过交谈,正如她在书中写的那样,对"八女投江"她是听说的,详细情况她不了解,但对八女投江的冷云、杨贵珍、王惠民比较熟悉。其他几人与周保中说的相似，即安大姐、胡秀芝、郭桂琴、小黄，还有一个记不起来了。1937年夏，冷云参加抗联五军，先到依兰县五道河子抗联被服厂时，徐云卿就在被服厂工作。且是她和同志们到山外去接的，与冷云一起来的还有冷云的爱人周维仁（原名吉乃臣，后面还要写到他）、刘宾野（五军一师师长关书范的妻子）、王一知（后为五军军长周保中妻子）。冷云后到五军妇女团当文化教员，还教过徐云卿她们文化课，不久徐云卿调走，她们就再没有见面。而杨贵珍则是1936年8月，五军妇女团活动到她的家乡林口县东柳树河子屯时，徐云卿她们动员她参军的。那年杨贵珍18岁，从小丧母，17岁出嫁，不久丈夫病死了，婆家打骂，还要把她赶到外地去，她受了许多苦。女战士们都很同情她，做了不少思想工作，她提高了认识，毅然参加了部队。她在家时没有名字，女战士们认为她参军很不容易，值得珍惜，就给她取名叫杨贵珍。在部队里她进步很快，无论是学军事、学文化，还是做军衣，都积极认真，什么工作都干在头里。1937年秋天加入中国共产党。1938年春，她与到部队后又结婚的爱人宁满昌一起参加了西征，任妇女团班长，始终表现坚强、勇敢、乐观。

小王惠民牺牲时才13岁，由于部队生活艰苦，严重缺乏营养，再加上行军打仗，使她非常疲惫、瘦弱。这个小女孩因家庭贫困，生下来就没过一天好日子。她父亲参加抗联五军任军部军需副官，家里房屋被日军烧毁，她和弟弟妹妹跟着母亲到处躲避敌人的追捕。1937年她12岁就参加了五军妇女团，一直和徐云卿在一起，夜里躺在她怀里，枕着她胳膊睡觉。她仇恨日伪汉奸，抗日决心大。她处处模仿大人，行军打仗送信样样争先，从不叫苦、怕累。她天真活泼，可总想装大人，不愿意别人叫她小孩。有一次队伍从敌人手里缴获一架留声机，打开唱了一段，她从来未见过这玩意儿，不知是怎么回事，两只眼睛瞪得溜溜圆，不眨眼地看着。大伙哄她说："小王，这里边藏着个小姑娘在唱。"她围着留声机转来转去的找，又要拆开来看，逗得大家哈哈笑。

参军不久，她爸爸就牺牲了，她更加仇恨敌人，也更坚强了。她经常给伤病员唱歌，进行宣传。她最爱唱的歌是："日出东方分外红，曙光照满城，大家快觉醒，看看鬼子多奸凶，国家人民全叫它坑……"这首歌也不知道唱了多少遍，也教育了很多人。行军时大姐姐们抢着帮她背包、扛枪，她总是争着不让，和大家一样跋山涉水。有时一天走七八十里，脚磨破了，疼得汗珠顺着脸往下淌,问她:"疼吗?""累吗?"她咬牙挺着说:"不疼!""不累!"大家就表扬她说:"你真是个英雄的小姑娘!"她听了却像大人似的谦逊地说:"爸爸被鬼子打死了,妈妈和弟弟妹妹在家受苦,我是大女儿不能耍熊,我得快点把鬼子打走,好回家找妈妈和弟妹们。"

徐云卿还说抗联五军的不少人都是依兰、林口一带的,有些后来又回了家,他(她)们能知道一些情况,可去找他(她)们。对徐云卿的访问使我进一步增加了调查的信心。尤其令我特别兴奋的是她给我提供了一个极其重要的线索,即与八女一起战斗过的一位男同志,朝鲜族,名叫金世峰,他还活着,在吉林市郊区住。可先到吉林市龙潭区容器厂找他的儿子金寿山,他在那当厂长,他也是抗联五军军部的战士,找到他即可找到其父金世峰。

于是我在当天下午急速赶到吉林市。8月17日上午访问了金寿山。他说:"八女投江"战斗后,部队找到五军军部,报告了战斗情况,他当时也听到一些,但不具体。由他知道了他父亲的住址和另一位朝鲜族干部,名叫金镇浩,曾在抗联四军后方密营工作,时任吉林省农业研究所所长,厂址在九站。于是我坐火车去九站访问金镇浩。他对"八女投江"的具体情况不了解,但他知道八女之一的安大姐,名叫安顺福,是抗联四军被服厂厂长,牺牲时年仅23岁,她是穆棱县人,丈夫名叫朴德山,是四军四团政委,她是金镇浩妻子前房儿媳妇。

与金镇浩谈过后,立即去吉林市郊大屯公社柳树屯大队访问金世峰。由九站到柳树屯之间没有公交车,我只得冒着炎热步行40多里赶到柳树屯。找到金世峰,他已改名金尚杰,穿一身朝鲜民族服装,虽已70岁了,但身体很健康,不久前重新入党。当我说明来意后,他对我很热情,讲述了"八女投江"的全过程。

金世峰原是抗联五军一师参谋,革命历史较长。他回忆说:那是1938年春天,抗联四军、五军主力部队,为打破日军将活动在松花江下游地区的抗联部队"聚而歼之"的阴谋计划,跳出敌人的包围圈,向西南的五常地区进行远征,以便和在吉林地区活动的抗联第一路军杨靖宇部队及第二路军所属第十军打通联系,开辟新的游击区。我随五军一师参加西征。五军妇女团也随队远征。西进途中,四军女同志并入五军妇女团,随一师行动。8月间西征部队进入五常县境后,遭到日伪军重兵围追堵截,我军伤亡很大。五军一师剩下的一百来人,决定返回牡丹江下游刁翎地区寻找军部,报告西征情况,进行休整。队伍穿行在人迹罕至的原始森林中,衣服、鞋子早都破烂不堪了,没有粮食吃,就以野菜、野果、树皮充饥。五军妇女团原有30多人,经过几次战斗后只剩下8个人了,有冷云、安大姐、小黄等,其他人名记不起来了。

这年阴历八月末或九月初的一天夜里,我们走到刁翎河(即乌斯浑河)西岸徐家屯下边河口处休息,准备过河东岸去找军部。不料第二天凌晨遭到包围,敌人很多,火力很强。五军一师师长关书范命令我带领八个女同志先过刁翎河。当时河在涨水,有100来米宽,河水又深又凉。八女跟在我身后下到河里,敌人还在打枪打炮,当我费尽力气游到对岸已冻僵了。我回头一看八个女同志没有了,她们就这样牺牲在河里了。而关师长也未带队过河,他们撤向西山了。以后我就和队伍失去联系,改名潜伏下来。

这里记得只是个概要,他讲的时间、部队、地点都与周保中、徐云卿说的基本一致,只是八女的名字记得不全。

"八女投江"的基本史实已清楚了,准备再进一步调查核实和丰富其内容,这样便决定由我馆研究部主任陈雨静、文物保管部主任迟凤山和我三人,组成"八女投江"事迹调查小组,深入当年抗联五军活动的林口县进行实地调查,由于考虑到此行必然要踏查荒山野林,难免不碰到虎、狼、熊等野兽,因而手无寸铁是不行的,所以出发前除准备了工作介绍信、照相机(当时馆内只有老式的120捷克方厘子,这已经是够先进的了)、记录本和钱、粮票外,就是到省公安厅办理携带武器的手续、证件。我们三个人共带了苏式和五四式手枪二支、美造卡宾枪一支、"七九"步枪一支及相配的一些子弹。

准备工作完毕后,我们三人于1962年10月5日出发,先坐火车到林口县。县委宣传部对我们的工作很支持,特派县文化馆创作员王作文(会说评书,"文革"后调到海林县政协文史资料办工作,现已成故人)做向导,配合我们工作,他自己也顺便收集创作素材。

10月6日午后,我们四人从林口县城出发,一直向西北走,沿着当年抗联活动和八女走过的道路,进行访问调查。由于当时县里没有长途公交汽车,我们全是步行,每天最少都要走四五十里路。当时三年自然灾害造成的农村生活困难还没有完全恢复，这一带又是山区，产粮少，农民吃粮不足，我们有时就吃不到饭。幸好有县里的工作文同行，他和一些村屯的干部比较熟悉，因而夜里到了某个屯子，由他出面联系，得以在社员家里找到住处和吃上点苞米碴子或小米饭，较少挨饿。

这一带是抗联五军经常活动的地区，了解情况的当地群众和从五军下来的人较多，所以每天都有访问对象。当时还没有便携式小型录音机，访谈时全部由我做笔录。访问途中虽然每天走路都很累，吃、住也都有困难，但有时也有令人兴奋的小插曲，增添点情趣，抵消点苦劳。

如有一天傍晚，我们走到一处山边的小道上，发现距我们40米左右的小树丛中露出一只狍子的身影。陈雨静是部队转业的，会打枪，他叫我们都趴在地上别动，他自己单腿跪地，端起"七九"步枪瞄准狍子开了一枪，但没打中。因枪声很大，而且有回音，那只狍子不知枪声来自何方，愣愣地站在那里一动不动，头高高地抬着，两只耳朵竖起，四面看着。过去常听人说"傻狍子"，听见枪响也不跑，等着叫人打。果然如此。不过其话有误，我这次面对真狍子观察，觉得它一点不"傻"，而是很聪明，它四面看是在辨别枪声的方位，不能一听见枪响就乱跑，方向不对可能直接撞到枪口上。老陈虽然是解放战争参军的，但因是文艺兵，没上过战场，枪法不精，又加上激动紧张，急于击中，以显示他的军人风采，所以连连射击。枪膛里的五发子弹很快打完，而狍子却仍在那里抬着高傲的头，纹丝不动。这可把老陈气坏了，他把步枪往地上一扔，拔出挂在腰上的"五四式"手枪。由于心急，拉枪栓推子弹时，竟将左手虎口处卡破出了血，他不顾这些，猫腰前进几步，举枪就射，"啪、啪、啪……"七发子弹连续出膛，可是狍子仍未打中。而这时猎物却发现了猎人，于是拼命向我们卧伏的地方奔来。我虽在学校军训时打过靶，但由于眼睛近视，瞄不准，此时又加心情急，手发颤。尽管连连扣动手中卡宾枪的扳机，射出的子弹却时高时低，那只狍子几个悬跳就跑得无影无踪了。

当我们带着遗憾走进山下小屯时，村民们都出来看我们，说听见连发枪响，打得挺激烈，以为是与最近传说的美蒋空投特务相遇交火呢，一时成为议论的话题。

第二天午后3点多钟，我们离开此屯，继续奔向下一个访问点。深秋天短,很快就黑了,而距下一个屯子还有几十里路,都是山道,中间还要经过一座大岭。当我们走到岭下时天已经很黑了,脚下的路都看不见了,只是凭感觉往前走。我们人多并不怕,但也很紧张。我们四人每人手里一支枪,子弹也都顶上了膛,并排着往岭上走。走着走着,突然呼隆一声,从黑森森的树林中窜出一物,看不清是什么东西,把我们吓了一跳。我们当即打了几枪,那东西随即钻入林子里逃走了。我们分析不像是人,可能是野狼、狗熊什么野兽。就这样一直紧张地过了这座大岭,待到达岭下的屯子时已半夜了,敲了几家门,才在歉意和感谢声中找到住处。

这是有惊无险。还有生活的苦乐趣。又是一天傍晚,我们走到牡丹江畔的一个"鱼亮子"(即打鱼人住的小窝棚)。走了一天,中午也未吃到饭,又累又饿,实在走不动了,而要投宿的屯子还很远。这里只有一个50来岁的打鱼人,我们商求他可否卖给点鱼吃。因"鱼亮子"有传统规矩,是凡过路人在此吃鱼,不能收钱,实为白吃。所以他不太愿意,说没打到什么鱼。经再三商求他才同意了。我们看到系在江水中的鱼篓里有几条大狗鱼(即黑鱼)和许多二寸多长的小白鱼。打鱼人把小白鱼捞出一些放在瓦盆里。我们说可否再给条大些的狗鱼,他很不情愿地又捞一条一尺来长的狗鱼。老迟拿出带的匕首给鱼开膛,取出肚肠,拿到水里去洗。谁知鱼身很滑,且其生命力真强,五脏已无居然不死,竟顺水挣脱逃走了。我们三个都埋怨老迟,好不容易说服打鱼人给了一条大的,结果还跑了。这时打鱼人也有点过意不去,只得又从篓中捞出一条更大些的狗鱼,因为再没有比它小的了。这回开膛取出肠肚后,再不敢放到江水里去洗了,而是直接放到锅里。那些小鱼没工夫一一破膛,就整个地倒进锅里。偏偏事有奇巧,也许是天助,就在我用盆子去江里取水要煮鱼时,却意外发现那条逃走的狗鱼不知为何又游了回来,我兴奋地喊着告知他们,并伸手把这条鱼捉住卡住它的两腮。毕竟它是流尽了体中的鲜血,再无力挣扎了。大家高兴地议论,这条鱼可能是想到反正它活不成了,还不如以自己的身躯,贡献给这些为收集宣传革命英烈事迹而奔波劳累饿肚子的人吧!也许是"八女"在天有灵,对我们的辛苦、诚意给点回报,把这条鱼送回来了。总之,我们算是多吃到一条大鱼。这白水煮鱼,连点盐都没有,而且也没饭,只有几块煮熟的凉倭瓜。可是我们却吃得非常好,连肠肚和骨刺全部吃光了。现在吃什么清蒸、红烧、浇汁名贵鱼，也没有这顿白水煮鱼好吃，这大概就是人在极度饥饿时，吃什么都香的缘故吧！这种奇特的香甜味道，是没有挨过饿的人所难以体会的。

当夜我们就住在这里，因窝棚太小，只能住主人一个，我们四人就在江边沙滩上，效仿当年八女燃起篝火取暖。上半夜还好过，下半夜更冷了，我们都未穿棉衣，胸前烤得热乎乎，后背却是冷冰冰。尤其是凌晨三四点钟时，更是又困又冷。这时我才真体会到当年东北抗联的露营的艰苦生活，正如李兆麟将军写的《露营之歌》中的名句："火烤胸前暖，风吹背后寒"。果真如此。

我们此行走了一个多月，行程千余里，访问了数十位知情人。其中有住在莲花公社东兴大队（原东柳树河子屯）的杨贵珍烈士的父亲杨景春老人，他回忆了女儿的一些情况："她是我大女儿，民国九年阴历十月生，属猴，没念过书，七岁母亲就死了，她就在家做饭，很能干。她团脸大眼睛，双眼皮，白白净净，挺好看，好说好笑。十七岁那年阴历二月结婚，婆家就在本屯，也姓杨，她丈夫叫杨国清，当年八月就有病死了。她两个大伯哥杨国瑞、杨国臣还都在东兴大队住。她婆家人多，老公公经常骂她，受了不少气，后来婆家还要卖她。正好这年冬天，抗联五军到我们屯里来，妇女团同志和我女儿处得很好，徐云卿、陈玉华一帮人和她拜了干姐妹，又劝她参加抗联，她也愿意，就在冬至月参加了五军妇女团，以后我见到过五军的柴（世荣）军长，想叫我女儿回来，但她自己不愿意。以后的情况就不太知道了。她牺牲的情况还是以后听说的。她有个弟弟叫杨云峰，也在东兴大队。"他讲的情况与徐云卿说的完全相同，证明"八女"之一的杨贵珍确有其人。

还有住在三道通乡大屯大队的刘广有，他原是五军教导团的战士，记忆力很好。他讲了部队西征和回来找军部及"八女投江"战斗的具体情况，与金尚杰讲的基本相同。我们也找到原五军妇女团的张淑兰（住建堂公社大盘道大队）等几位女战士，她们回忆了"八女投江"的姓名等情况。最后我们由知情人陈龙（住刁翎公社三家子大队）领路，找到八女战斗和牺牲地点——刁翎镇三家子屯附近柞木岗山下乌斯浑河渡口（这里距牡丹江入口处只有七八里路，河对岸是大、小关门嘴子山），进行了实地考察，绘制了地形图，拍摄了遗址照片。

　　我们还在三道通乡五道河子大队访问了当地老户卢英福,他讲了伪康德五年(1938年)八月节后的一天夜里,抗联五军一部分队伍露营在乌斯浑河西岸柞木岗山下的沙滩上,他们把费文金把头堆在沙滩上的木绊子垛烧着了取暖,被样子沟的大特务葛海禄发现,报告了日本守备队,连夜领着敌人来围攻抗联部队。第二天天刚亮部队起队,先让八个女的从道口过河,敌人开枪,八个女的死在河里,大队边打边撤上西山。卢英福因为当天有事,下午到了乌斯浑河道口,他还捡到日军丢下的四条白手巾。当时抗联烧的火堆还有残火冒烟呢。他到了柞木岗沟里老王头的小窝棚歇脚,天黑时五军的一部分队伍又回到这里了解情况,讲了早上战斗的事。

　　这些人的回忆,使"八女投江"的史实更加具体、准确。

　　我们在到林口县之前和以后,还去了佳木斯、长春等地,访问了冷云的哥哥郑殿臣、冷云最亲密的同学、战友董若坤(后改名董杰)以及她在佳木斯读中学时的老师、参加革命的引路人,原佳木斯市地下党市委书记董仙桥,了解到冷云的家庭和她怎样参加抗联的曲折感人、鲜为人知的身世。

　　当年12月间,我们又去了吉林省延边自治州,访问了时任副州长的乔树贵,他原是抗联第二路军总指挥部的副官。"八女投江"战斗后,部队回到了总指挥部向总指挥周保中汇报情况,他都听到了。我们还第二次去吉林市郊区访问金尚杰,进一步与他核实我们到现地调查的详细情况,使一些具体情节更加准确。

　　汇报了多方面调查的材料,去粗取精,经过认真核对研究,以周保中、徐云卿、金尚杰等当事人的回忆为主,又加上其他人提供的情况,我们确定了"八女"的姓名,即指导员冷云,班长杨贵珍、胡秀芝,四军被服厂厂长安顺福(朝鲜族),战士郭桂琴、黄桂清、李凤善(朝鲜族)、王惠民(牺牲时才13岁)。她们都很年轻,最大的冷云和安顺福只有23岁。

　　我们终于把"八女投江"的史实调查清楚。接着以调查小组的名义,由我执笔写了近万字的调查报告《东北抗日联军"八女投江"事迹新探》一文,作为1962年度黑龙江省历史学会年会的重点论文,在大会上进行了摘要宣读,并由史学会推荐,公开发表在1963年3月26日《黑龙江日报》"学术研究"版上。这是首次从历史真实角度写出具体的"八女投江"事迹,具有奠基意义,填补了早期东北抗联史研究的空白,影响很大。以后的历史研究、文艺、艺术创作、剧本、史志、词条、建纪念碑、雕塑等都以此为依据。

后来,我又找到周保中将军1938年11月4日在深山密林中的军中日记,距"八女投江"战斗的时间仅半月左右,他听汇报后确切地记录了发生在当时,后来名传中外的"八女投江"史实。日记写道:"又讯,我五军关师长书范于西南远征归抵刁翎。半月前在三家方向拟渡过乌斯浑河,拂晓正渡之际,受日贼河东岸之伏兵袭击。……妇女冷云(郑××,即郑致民——引者)、杨秀珍(应为杨贵珍——引者)等八人悉行溺江捐躯。宝清有我联军第五军三师八团一连激战日贼蒙古军之烈士山(此战在1938年3月18日——引者),乌斯浑河畔牡丹江岸将来应有烈女标芳。"这篇日记是一份非常重要的历史资料,更是一件极其珍贵的国家级革命文物,它将永传后世。

"文化大革命"后,我又收集一些新资料,并与林口县史志办的工作人员、专门调查研究"八女投江"的徐文芳合作,写了《"八女投江"新证》,发表在1985年2月10日、17日的《黑龙江日报》4版上。我自己又写了准确翔实、生动感人的冷云和"八女投江"新传,编入《解放军烈士传》第六集和《中共党史人物传》第55卷出版。

徐云卿,1917年出生于辽宁省西安县,今吉林辽源。1936年5月加入东北抗联第五军,后任班长;次年入党。1941年初去苏联受训,后任抗联教导旅野战医院护士长,进行多种军事野外生存训练,如滑雪、武装泅渡、报务、战地救护、跳伞训练等,成为我国名副其实的第一代女跳伞员。1957年5月调任吉林省长春制药厂党总支书记,1965年1月调任水电部北京电力科学研究院工会主席。

1960年,徐云卿新著《英雄的姐妹》出版发行。该书记述了八位女英雄面对强敌,宁死不屈,投入波涛滚滚的乌斯浑河,以身殉国的英雄壮举,以及作者与八位女战士朝夕相处、共同战斗和生活的经历与情谊。作者怀念战友,难免描述有种淡淡的忧伤。其中目录部分是:战斗在牡丹江两岸、踏破千山万里雪、英雄的姐妹、八女投江、宁古塔的骄傲。该书为后来史学工作者考证研究"八女投江"史实提供了线索,周保中将军为其作序。

徐云卿在《英雄的姐妹》一书中,情真意切回忆了八位女战友。

1937年夏天,部队正在刁翎五道河一带活动,省委秘书处的同志领着一个女同志给我们介绍说:"这是新给你们调来的文化教员冷云同志。"战士们听说来了文化教员,都跑来鼓掌欢迎。有的和冷云同志说话,有的就给冷云同志搭床。正在我们高兴的时候,忽然听到飞机的声音,接着四面响起了枪声和炸弹的爆炸声。冷云同志刚来,就遇上了战斗,不免有点慌张。但是,过了不大一会儿,她也和大家一样,投入了战斗。

冷云同志是一个知识分子,入伍前,曾和爱人一块儿在党领导下做过较长时期的地下工作。入伍以后,由于工作的关系,我们在一块儿的时间不长,但她那种乐观、坚定和对同志们的无限关怀,却使我永远也不能忘记。

她参加部队不久,她的爱人周维仁同志就在战斗中牺牲了,但她并没有因悲痛而影响自己的情绪,相反却更加坚定起来。在密营的时候,我们给战士缝军服,冷云同志就在那里给部队编印宣传材料,负责密营内的文化学习。每天傍晚,她都拿着自己编的课本给我们上课。大家坐在山坡上,她站在中间讲解,用烧焦的树枝当笔,在剥掉皮的树干上写字。开始,我们写不好,她就把着手教。有时她就给我们讲故事。她有丰富的知识,使我们懂得了许多过去听也没有听过的革命道理和科学知识。

小王是我们军部副官的女儿。妈妈带着她和一群小弟弟、小妹妹,家里生活很苦,还要常常带着他们躲避敌人的搜捕,因此,在她幼小的心里,就对鬼子有了强烈的仇恨。我记得,当我们部队到了她的家乡时,她正在和一群小孩子捉迷藏。看见我们,她就围上来要求带她去抗日。我们说:"你太小了,不能干什么事!"她说:"谁说我不能干,能帮妈抬水,做饭,哄妹妹。"我们说:"那你就在家帮妈妈吧。"她说:"不,我要去抗日!"她妈妈见她这样坚定,也帮她要求。就这样,我们从家里把她带出来了。

她才十二三岁,是个活泼天真的小孩子,可是却总想装大人,不愿意别人叫她小孩。记得有一年快过年的时候,我们从敌人手里得来一个留声机,我们打开它唱了一段,她两只眼睛瞪得溜溜圆,不转眼地看着。大伙哄她说:"小王,里边有个小姑娘在唱。"她围着留声机转来转去找,一会儿又要拆开来找,逗得大伙哈哈笑。

小王参军不久,她的爸爸就牺牲了。仇恨使这个十二三岁的小姑娘变得更坚强了。

妇女在密营里缝制军服时，因她年纪太小，王玉环队长就让她去帮着做饭，有时也让她到卡子房或伤病院去送信。她一到医院，就给大家唱歌。她最爱唱的一支歌是："日出东方分外红，曙光照满城，大家快觉醒，看看鬼子多奸凶，国家人民全叫它坑。"这支歌，她不知唱了多少遍，唱得老乡、伪军流下眼泪，唱得伤员们忘了疼痛。多少人从这个孩子身上看到了我们民族的伟大气魄，也想到了自己的责任。

在部队里，大家都把她看成自己的小妹妹。行军时，抢着帮她背背包，帮她扛枪，可她总是争着不让。总像个老战士的样子，跟着大家一样跋山涉水，有时一天走八九十里路，脚磨破了，走起来一拐一拐，汗顺着额角往下流。可是你问她："疼吗？"她总说："不疼！"问她："累吗？"她总说："不累！"大家就表扬她说："你真是个英雄的小姑娘！"她听了这个话，却像大人似的说："爸爸被鬼子打死了，妈妈和弟弟妹妹在家受罪，我是大女儿，我还能耍熊！我得快点把鬼子打走，好回家找妈妈和弟妹们。"这就是她的愿望。一个十几岁的孩子，她已经把自己的命运和民族、国家的命运连在一起了。

小王在那灾难重重的年代里，虽然表现得那么坚强，但终究她还是个小孩子。自从她参军后，一直跟我睡在一起，每天夜里，她都要躺在我怀里，枕着我的胳膊睡。开始远征前，就在我们将要离别的那个晚上，我开会很晚才回来，同志们都睡了，她还坐在那儿。我问她为什么还不睡，她说："我睡不着。"我说："你真是个小孩！"谁知道这一个离别的夜晚，竟成了我们永别的夜晚。

杨贵珍，这是我最熟悉的战友。当我在她的家乡，第一次看到她的时候，一种深厚的阶级感情就把我们联结在一起了。她参军以后，我们生活、学习、战斗总在一块儿。共同的理想、共同的事业使我们更亲密了。她是童养媳，结婚不到一年就死了丈夫，受着公婆的压迫，小小的年纪，就尝尽了人间的辛酸。参军时，她不懂得什么革命、抗日，只是为了逃出家庭的牢笼，为了自己的解放。可是在部队里，她成长起来了。她很快地就由一个忍气吞声、听天由命、任人迫害的家庭妇女，变成了勇敢、坚强的革命战士。

离别的那一天，她拉着我的手，说了又说，谈了又谈，我们俩的话总像说不完似的。虽然都明白，因为工作的需要，我们要分开，但总抑制不住心里的难受,觉得难舍难分。最后,她拿出一件红色的毛线衣,递在我的手里。她含着眼泪说:"你穿上吧,天很冷。"我一看这件毛衣正是她结婚时,她的爱人宁满昌同志送给她的。我怎么能要呢?她一再坚持要我拿起。她说:"就拿它作纪念吧!"我无法再推辞,就收下来。想不到这件毛线衣竟成了我们永别的纪念品,竟成了我们最珍贵的纪念品。我还记得我们离别时,她握着我的手说:"你放心,我们再见面时,我一定无愧地伸出自己的手。"我们分别以后,我一直用她这句话鞭策自己,努力工作。想不到这句话和那件毛衣一样,成了我们永别的赠言。

…… ……

胡班长、小黄、小郭、安大姐、贵珍、小王、冷云和那位不知名的姐妹啊!我再不能握到你们的手了。但是,你们那种勇敢坚强的战斗精神,你们那种赤胆忠心的英雄气魄,你们那种宁死不屈的革命意志,却真实无愧于人民,无愧于祖国的。

现在,离开那时,已经二十一年了。二十一年来,我每当想起她们,就好像她们还活在我的面前,就好像有一股火一般的热力燃烧着我的心,鼓励着我,鞭策着我,更努力地为党、为人民工作。

牡丹江啊!牡丹江!你是八位女英雄的忠实见证。二十一年来,你日夜奔流。有时,你汹涌澎湃,卷着滔滔大浪,用你雄壮的歌声,为烈士的英勇事迹高唱;有时,你平静柔和,荡着轻轻的微波,又像在对烈士的英魂倾诉今天的美好景象!

亲爱的姐妹们啊!你们安息吧!

徐云卿还在书中还回忆了杨贵珍参加抗联部队的经过。

我们部队经过了几天的行军,顺着滚滚的牡丹江,来到一个柳树成荫的村庄——小江沿的柳树河子。

当晚,我和妇女团的王玉环队长住到一个姓王的人家。这家的大哥、大嫂、大爷、大娘跟我们有说有笑。正在挺高兴唠扯着,忽然从里屋门探出一个人脸,两只大眼睛好奇地看着我们。我一看她,她马上缩回头去。我问大娘这是谁,她说是二儿子媳妇。我看这家里没有她二儿子,问到哪儿去了。大嫂看我硬要问出底来,便告诉我:二兄弟媳妇是守寡在家的。我和王队长听了,都挺同情那个年轻守寡的女人。便跟大娘说,让她出来见见。我们跟她见了礼,看她缩手缩脚地站在那儿,头也不敢抬,眼睛盯着地,看得最清楚的是她油黑的头发盘着个小疙瘩髻,上面插着一朵戴孝的白花。我想:这朵花把她折磨成这个样子,难道人还不如这朵花。

晚上睡觉的时候,我跟王玉环队长说,把她带到队伍里来。王队长说这是好办法。可是我说让她明天就上咱妇女团,王队长却摇头说:不行。我不明白王队长是什么意思,就赌气说:行又不行,你打算咋的? 她贴着我耳朵说:当前咱们是团结一切力量打鬼子,不能把她硬带走,得罪了她的婆家。接着,王队长让我多帮助这个人,她负责劝说王家让这个人参军。我想这也对,咱抗联做事就是光明磊落,偷着把她领走算啥事呢? 以后的几天我找空就跟她唠,我还领她到江边去唠。

八月的傍晚,牡丹江上吹来冷飕飕的风,我和她在江边来回走着。

我问她:"你这点儿年纪就死了丈夫,打算怎么办呢?"她看了看我,苦笑说:"我? 能由着我吗? 我想守着,可是他们正合计着要把我卖了。"

我使劲地捏着她的手,对她说:"别怕,你跟我们走,上咱抗联妇女团吧。"

她猛地抽出自己的手,惊讶地说一声:"我?"随后,她就用大眼睛盯住我,好像问我是不是错了。

我拉回她的手,对她说:"是呀,是你!"她看了看自己那身破旧的衣裳,摇了摇头,又苦笑着对我说:"像我这样的还能上抗联?"

我对她说:"能,能,一定能! 我们抗联妇女团,全是穷人和在家受气的女人。"接着,我跟她讲了妇女团是干什么的,和妇女团内部的一些情况。

待了一会,她忽然把脸转向我,眼里闪出一种光辉:"真的?"我连连回答:"真的,真的!"我问她:"你娘家都有什么人?"她说:"有爸爸、妈妈、弟弟……"不知为什么,她忽然停下不说了,看她这样子,我没有再问下去。待了一会儿,她突然问我:"你们能要我,她们也不能让我去。"说完,她捂着脸哭了起来。我知道,她说的他们是指她婆家。我告诉她,我们一定会帮助她。我还告诉她,我们不是叫她偷着跑是要说服她婆家,还要叫乡亲们鼓掌送她走。

她听了我的话,对我说:"可我是用四五担苞米卖给人家的,妈把苞米都吃了。"我说:"那有什么,五担苞米就能挡住我们去抗日?你别怕,我们说领你走,就一定领你走。"她看了看我,用袖头擦了擦眼睛。

晚上,我和她睡在一铺炕上,她整夜都在翻身,一点儿也没睡。她怎么能睡着呢?她本来对自己以后的生活没啥指望了,突然,自由的希望在她眼前闪光。

待了不久,我们要离开这里去三道通。军部指示这次不把她带走。由于她的家庭问题还需要由地方政府解决。临走那天早晨,我正要去找她,她忽然跑到我跟前对我说:"姐姐,带我走吧!"她乞求着。

看到她这样,我的心里很难过。我一时没有勇气把军部的指示告诉她了。我们这样子待了一阵,对她说:"好好等着,我们很快就会回来接你。"当时,她的脸变得非常阴沉,用牙咬着嘴唇,含着眼泪看着我,像有许多话对我说,可她的嘴唇颤抖了几下,什么也没有说出。我们要出发了,我叫她回去。她的腿像叫什么绊住似的,慢慢地往后退着,眼睛直盯着我们。

离开柳树河子不久,我又有几次随着军部来到这个村庄。在这里,我们帮助老乡收割、打场,跟他们谈心。晚上常常开军民大会,唱歌、跳舞、讲话,向老乡们进行抗日救国的宣传。每到一次,我都恨不能一下子看见她。见了她,我们就亲热地唠起来了,没完没了的。每次离别时,我总觉得有许多话还没跟她说完。她跟我一样,唠起来就没个完。她告诉我,她以前总觉得她的苦是没头的,她总想死。还告诉我,她的公婆怎样打骂她,她多想快一点跟我们走……我们成了很好的姐妹,一离开几天,我就非常想她。可是,尽管我们这样好,我每次问到她的娘家,她都是吞吞吐吐地不肯说,而且,一提这,她就好像挺难受。这就引起了我的怀疑。后来,我从别的乡亲那里知道,她娘家姓杨,在江那沿。有一次我到江那沿去办点事,顺便到她娘家看看。这时,我才明白了她不说的原因。我也因为她娘家的不幸而更同情、更爱她了。可既然她不愿让人知道,我也就没提起这件事。

十一月,牡丹江已经结上了冰碴,我们又来到柳树河子村,并准备这次把她带走。

晚上,村中的大院上火光熊熊,支援抗日的军民大会就在这儿举行。我们军部罗主任讲了话,老乡代表也讲了话。一会儿,报名参军抗日就开始了,母亲领着儿子,妻子拥着丈夫,一个接着一个挤过来报名参军。会场上响起了一阵接一阵的热烈掌声。

我焦急地看着她,看到她急得脸都涨红了。她猛地站起来说:"我也要抗日,我没有丈夫,家里没有什么扔不开的……"我使劲地鼓掌,也没听清她以后又说了些什么。

第二天,她脱下了破旧的衣服,穿上了新军装。她乐得摸摸这儿,看看那儿。当她戴军帽时,发现脑后还有个疙瘩髻。她大声地叫了起来:"啊呀,快给我剪掉吧,我可不要它了。"她喊着就用手抓开那梳得很规整的疙瘩髻。这时,妇女团的崔顺善同志从背兜里掏出剪子一下子给她剪掉了。

队伍集合要离开村子时,许多老人、年轻人、孩子都围上来。人们看着她,说她变样了,嘱咐她好好地干,不能常回来也要常捎信回来。队伍都走了,大家还拉着她的衣襟不放,她含着热泪跟相亲告别后,随着队伍一齐向前走去。

20世纪80年代,由林口县史志办牵头,接过了史实考证的接力棒。第二次考证基本查清了烈士们的姓名和生平,这次考证的一大成果,就是找出了特务葛海禄。20世纪50年代,葛海禄已经以叛徒、汉奸罪行被公审枪毙。30年后,他的血债又添了一笔。

此后,于春芳老师发起的第三次考证确定了烈士们牺牲的具体日期。于春芳,1942年2月出生,并非文博专业,他的家乡是内蒙古,退伍后来到林口县工作,以县政协主席的职务退休。

据不完全统计,在抗日战争时期,东北抗日联军在林口县域与敌人"进行了大小千余次战斗"。"八女投江"的事迹就发生在这里,"八女"中有六个是林口人。可就是在最熟知"八女投江"的林口,县政协原主席于春芳却感觉到,"八女投江"的故事讲述出来足以感人肺腑,但作为史实,还有很多细节需要考证完善。在配合八女投江第二次史实考证中,有感于烈士高尚,从此醉心于抗联历史资料的搜集整理,包括八女投江。他多年来,先后对林口县抗联史进行了调研和考证,出版的著作有《八女投江调研纪实》《将军洞》《东北抗日联军林口遗址与战事》等,并主编了《八女投江史实考》。应吉林文史出版社之约编著了"为新中国成立做出突出贡献的100位英雄模范人物"之《八女投江》一书。

作为抗联史研究学者,于春芳从2004年起,就开始考证"八女"的历史,查阅了大量资料,还专程赶赴长春伪满皇宫博物院等地……他在进行第三次"八女投江"史实调查时发现,这份名单中的人名还有争议,不过主要是争论具体字的写法,并不影响这八个人的确认。现在的这份名单是在温野考证结果的基础上,史学界认可通用的,是最确证的"八女"名字。

于春芳发现,有很多史实细节,像"八女投江"具体殉难时间以及"八女"生辰这样的关键要素,有的没有确切考证,有的说法不一。他研究最初的切入点,就是"八女投江"的具体时间。他首先梳理了此前对"八女投江"的记载和数次考证。

八女殉国的年份已认定为1938年,而月份仍有10月和11月之说,但已基本统一在10月。按旬说则有上旬、中旬和下旬(徐文芳编辑的《八女投江文史辑》23页)之说。按日则有:10月2日(《抗日英烈名将传奇》115页);10月19日(赵海龙1993年10月印刷的《"八女投江"55周年纪念封》);10月20日前后这几天(温野老师说:"在10月20日前后这几天,为了好记,可定在20号。以前你们县有人打电话问过此事,我说了这个意见");10月20日(《林口县志》1338页和《林口县老区革命斗争简史》168页);10月21日(徐文芳说10月21日是下旬)及11月22日(《东北抗日联军名录》184页)之说。

10月2日和11月22日两说,离事件发生的时间相差甚远——按金世峰回忆10月2日八女还没到佛塔密,佛塔密离八女殉国地约有300里之遥;11月22日河已封冻。

周保中日记中对"八女投江"的记载,写于1938年11月4日,是"八女"牺牲后的大约半个月。他的记载也是最为可靠的文字记录。不过,周保中并没有亲眼看到"八女投江"的经过。在林口县,11月江河已经封冻,由此可以判断,"八女投江"牺牲时间六说之一的"11月中旬"并不确切。

亲自带领八女过河,并以后逃脱回乡隐居的师参谋金世峰回忆,是离八女殉国时最近的亲历者的回忆。于春芳老师经过对史料的梳理,和历史事实的考证,采用金世峰的"回忆":"我们走到柴河北佛塔密沟里时,已经快过八月节了。""到了山东屯,对我们很热情,杀了一口猪招待我们,大家算吃上一顿饱饭"(温野老师考证,此时为1938年10月8日)。"于阴历八月末到了刁翎境内的徐家屯外。这天夜里,队伍露宿在刁翎河,即乌斯浑河西岸……"月末一般是指农历的二十六至三十这段时间。当年闰七月,农历八月无三十日。将周保中将军日记与金世峰的回忆互相印证,可以得出两种说法的重合日为10月20日。

于春芳老师在2007年9月21日,到了哈尔滨市,拜访了温野老师。温老师说:"在10月20日前后这几天,为了好记,可定在20号。以前你们县有人打电话过问此事,我说了这个意见。"——原林口县档案局局长、《林口县志》编纂委员会办公室主任、县志主编陈泓友同志说了温老师的这个意见;因此,1999年8月出版的《林口县志》用了10月20日这个时间。

于春芳老师在《东北抗日联军林口遗址与战事》一书中,提出他认定八女殉国时间为10月20日的历史考证依据。

关于周保中1938年11月4日的"日记",温老师是这样评价的:后来,我又找到周保中将军1938年11月4日在深山密林中写的军中日记,距"八女投江"战斗的时间仅半月左右,他听汇报后确切地记录了发生在当时,后来名传中外的"八女投江"史实。日记写道:……这篇日记是一份非常重要的历史资料,更是一件极其珍贵的国家级革命文物,它将永传后世(《史海存珍》109页)。温老师的结论是:"确切地记录了……"

现在来分析"半月前"。"回忆"的"农历八月末"是一个时间跨度很窄的(当年是4天)不确定的时间概念。把"半月前"暂按不确切概念和确切概念两种情况来理解。1. 若把"半月前"按不确切概念理解——如"前几天?"那么用"农历八月末"来"匡正""半月前",结果则是"农历八月末"中的八月二十七,即公历的10月20日。2. 若把"半月前"理解为确切概念,那就是10月20日。

可能有人会问:"日记"为什么不直接写10月20日,而用"半月前"呢?回答是:这是将军日记的一个习惯用法——这是那个特殊战争年代产生的无奈之举,也是当时记述事件发生时间的最好记时办法。仅在11月4日这一天的日记中,除"半月前"之外还有"是日"、"十日前"、"阅三日"之类的用法("日记"279页)。

在当时特定的极其艰苦、惨烈的战争环境下,抗联将士面对的是日寇"篦梳式""狗蝇式"等惨无人道的围剿,几乎常年生活在山野密林、冰天雪地、狂风暴雨之中,住地窖子、石砬子下,大树下,衣不遮体食不果腹,风餐露宿;除了像周保中这样无产阶级立场坚定,工作极端认真负责又精于记日记的人能接续上月日延续外,其他的人又怎么能随时知道和记住是几月几日呢?在那个特定的年代和环境中,其他的人又有谁能怀揣日历或者带着走日历的手表呢?正如抗联老战士、黑龙江省政协副主席李敏老人在2007年11月14日,在"八女投江纪念馆布展设想征求抗联老战士及抗联亲属、党史专家意见座谈会"上说的那样:"我们那时候,是以月亮的圆缺和有无,太阳的升落来判断时间的。根本不知道准确的时间。"

"半月前"是将军听完汇报后的记录。在那种特殊的战争环境中,汇报人只能以汇报的"当天"为计算时间的"基准日"来说明时间发生的时间。以"当天"为"基准日"表述时间的词也是有限的:发生在当天的是今天,发生在"基准日"前一天的是"昨天",发生在前两天的是"前天",发生在前三天的是"大前天",发生在第15天前的是"半月"前。发生在第5天的或第12天的就只能用"4天前"和"11天前"来表述了!如此等等。除此,还有更高的表述方法吗?因此说,"几天前"的表述事件发生时间的方法,是那个特定环境下更实际更准确的办法。

另外,汇报人和记录人在当时急于应对的是战斗的胜利,是摆脱敌人的追剿,是保证战友和自己的生存。有谁还能想到他们的汇报和记录会成为几十年后的后人,为了研究当时的历史而被采用并使人不好理解呢?

"半月前"就是15天前,即发生在汇报人以"当天"为"基准日"或曰"起始日"的第16天,——1938年10月20日。因此,"半月前"的"半月"就是15天,不存在其他是多少天的问题;"半月前"的"前"就是15天(半月)的前1天,不存在"前"几天的问题。

"日记"离八女殉国仅为16天时间,又是"女兵全没了"这样的事件;是"关书范害怕了",是"柴世荣陪他去见周保中,替他讲了八女殉难的经过。关书范请求处分"的重大事件;是"周保中双手捂脸,好一会缓缓地抬起头来"的令周保中非常悲痛的事件。试想,能使当时活着的人都如此动容的事,报告人、汇报人能不认真而准确地说明是哪一天吗?——而且是才发生16天的事!

这一天就是1938年10月20日,是一个让华夏儿女为之悲痛而又为之骄傲的一天——这一天涌现出我们中华民族八位女英雄!

现在回答,"前人研究'八女投江'时,也研究了周保中的'日记',他们为啥没有按'日记'确定具体日期呢?"在1982年11月30日,温野老师在《牡丹江岸烈女标芳——记冷云和"八女投江"》文章中,"第一次"将周保中的这段"日记"公之于众(见《八女投江文史辑》100~101页)之前,外界并不知道周保中有此"日记"。这之后,就有人用"日记"确认"八女投江"的具体日期了,只是没有取得共识和没有用"日记"与"回忆"相互印证的方法来确认"八女投江"的具体日期罢了。

最后回答,"现在定下了具体日期! 将来再发现新证据不是这个时间呢?"假如真的如此,把时间改过来就是啦! 但是,我认为不会有新的时间发现——这有待于时间与历史的检验。

即八女投江殉国的日子最终确定为1938年10月20日。于春芳老师考证的这个结论已经得到了史学界的认可,八女投江的纪念活动此后都选择在10月20日举行。

关于八女投江的殉难地考证,于春芳老师对三个版本的殉难遗址,进行了对比分析和排查,并按照1962年温野老师的考证结果,做了深入分析。通过史料梳理及对学界存在的若干观点,展开了论述。其中,根据三家子陈龙渡口、三道通大屯的刘广友古道、三道通五道河子的卢英福的道口、《林口县老区革命斗争简史》的记载、《林口县志》、《八女投江文史辑》等史料及衣晓白的考证结果,考证了八女投江的殉国处是:黑龙江省林口县刁翎镇三家子村西北的柞木岗山东、乌斯浑河西岸老道口处的乌斯浑河中。此地在歪嘴子沟与王扯兰沟之间、小关门嘴子东南临河处的乌斯浑河西岸。并肯定了温野老师在《东北抗日联军"八女投江"事迹新探》中的结论,"这时队伍还有一百来人,他们在山根下,河岸上分散地打了十几个火堆取暖。"

经过80年的风雨历程,人们对乌斯浑河两岸树木的砍伐和草甸子的开垦,使原来的河床已经变迁,向东北方向移动。当年八位女战士预定过河的地点老道口现在已处在一片耕地之中。

几经辗转,于春芳经过徐云卿的引见,终于找到了冯文礼,找到了一个至关重要的历史见证人。

冯文礼生于1921年,1935年3月在桦南县明义朝阳屯舅父家参加抗联队伍,1936年10月参加抗联五军,后任吉东省委书记宋一夫警卫员并转战南北。在抗联时是第五军教导团分队长和文化教员,亲身经历了第五军的众多历史事件,而且他文化水平较高,记忆力非常好,能够准确详细地描述历史。更关键的是,由于和郭桂琴的关系,他和妇女团的很多人非常熟识,是在世的抗联老战士中唯一见过所有"八女"的人。

冯文礼首先解开了于春芳苦求无果的一个谜团:郭桂琴牺牲时的岁数。

"八女"之中,冷云、王惠民、杨贵珍和安顺福的生卒年很清楚,而郭桂琴、胡秀芝、黄桂清和李凤善的生平资料很少,没有准确的生年记录。

按照冯文礼的叙述:"我是1921年出生,郭桂琴比我小一岁。"也就是说,郭桂琴出生于1922年,牺牲时年仅16岁。再结合其他人的回忆、记载中的点滴联系,胡秀芝、黄桂清和李凤善同龄,比郭桂琴大4岁。她们都生于1918年,牺牲时刚刚20岁。

于春芳的另一个贡献是还原了烈士容貌——八人中只有冷云留下几张相片,所以另外七人只能以绘画描摹。虽然冯文礼记得她们的容貌,却无法用语言描绘出七个人相貌上的差别。为此,于春芳先生遍寻其余七名女战士的亲属、战友、邻居,从上百张与她们有血缘关系的亲属照片中筛选,之后由画家比照画出肖像,再反复确认。最后在没有标明姓名的情况下请烈士们的亲人来辨认,方才定稿。当烈士杨桂珍的弟弟杨玉林看到姐姐的肖像画时,瞬间泪流满面。回忆起当时的情景,于春芳历历在目。烈士王惠民、郭桂琴的邻居王连财老人,也对王惠民、郭桂琴的肖像提出了修改意见。七位女战士的画像,最终于2008年8月21日交由牡丹江市博物馆和烈士馆管理处收藏,供后人瞻仰。

于春芳与抗联研究学者赵海龙应老战士刘义权之约,于2009年3月9日来到齐齐哈尔刘老家中,对其进行了采访。刘义权,1930年2月出生于山东省奉顺府五家店的贫苦农民家庭。1943年3月,跟随舅舅参加抗联,后来到苏联哈巴罗夫斯克东北抗联的北野营。1944年3月调任周保中将军警卫员。1945年,为配合苏联红军解放东北回到祖国。刘义权老人回忆了周保中将军 1946 年秋天巡视抗日战迹地的经过。当讲到"八女投江"时,刘老又讲述了周保中将军对"八女投江"英雄们深怀战友情谊的故事:

周司令回国后,指示有关人员做好寻找抗联失散人员的工作,特别提到要找到带领"八女"过河之人金世峰的儿子金寿山。后来得到报告,金寿山在宁安渤海的一家朝鲜族人家干活,并以此为生。——事也凑巧,此时有一位姓金的老人,家住东京城,来找周司令要求弄清他的历史问题。他告诉周司令,金寿山还活着,他常见到金寿山。于是周司令给金寿山写了封信,让这位老人带给他,让金寿山归队。

1945 年 11 月份,刘义权跟随周司令到东北局交接工作回来后,金寿山已由宁安的人员送到长春。

金寿山到长春时蓬头垢面,周司令问他:"你知道我为什么找你吗?"金寿山摇头说:"不知道"。周司令接着说:"我姑息你,原谅你,因为你是烈士子女,你父亲是烈士。"这时,金寿山低声说:"我爸还活着。"随即,周司令问了金世峰生活的地点。金寿山被留在了警卫连里当战士,以后还当过班长。

1946 年 3 月,刘义权与警卫员马殿振,一同随周司令骑马到了金世峰的家。刘义权向于春芳回忆道,金世峰住的房子是典型的朝鲜族常住的草房。我们一进院,他看见我们就往屋里走。刘义权与马殿振先进的屋,分左右站好,周司令后进的屋,站在屋地中间。当时气氛很紧张,谁也没说话。还是周司令先说的话:"你叛变革命,我应该枪毙你!"周司令说得很激动。听到这话,金世峰就跪在地上连声说:"我有罪,我有罪……"稍过一会,气氛有所缓和,周司令让他站起来,话的语气也变了,但他不起来。周司令又说:"你就算是个逃兵吧。"沉寂片刻,周司令又问他:"你为什么不归队报告?"金世峰解释说:"我看八个女的都牺牲了,我怕回去向你报告,你枪毙我。"周司令听后笑了,气氛缓和了。金世峰看周司令笑了,这时他才站起身来。

于春芳老师在《东北抗日联军林口遗址与战事》一书中,对他的著作《八女投江史实考》进行了补充,重点解答了三个方面的问题。一是"八女投江"英烈姓名考;二是在"八女投江"的壮举中是否还有金世峰之外的幸存者?三是特务葛海禄是怎样"发现"八女战友露营地的?

关于"八女投江"英烈姓名考中,于春芳老师以赵文同志在 1941 年初,于苏联形成的《四五军人员阵亡调查表一九三五——一九四零年》这份调查报告为依据。从八女所处的客观环境展开了分析。

一是在抗联内部,同一个连队之间的人与人都很难知道彼此的真实姓名。为了保密,有的战友只知道姓氏,或者绰号,如王惠民烈士的父亲,人们只知道他叫"王皮袄"而不知道真实的名字。有的人参军之后改名换姓,如冷云,她的原名是郑志民。有的人在家时没有大名,只用小名(乳名),其名字是入伍后起的,如杨贵珍就是这样的。抗联的人大部分不识字,即使知道某某某的姓名,只知道其音,并不知道准确是哪几个字。上述因素都对烈士名字的确认造成了困难。这对于不了解那段历史背景的人是很难理解和体会的。二是当年参加西征的妇女团,是由三部分人组成的,即五军的两个妇女队和四军的几位女同志。西征时她们会合到一起后才相互认识和熟识。这些女同志,平时主要做后勤工作,与连队的同志们很少有接触的机会;因此,熟悉她们的人就少了。五军的两个妇女队,平时一个队随五军军部活动,另一个队随五军一师师部活动;因此,这隶属于两个管理单位的女同志也不是很熟悉。三是在1938年7月12日的楼山镇战斗之后,五军军部和五军教导团的人员及妇女团中的十来个姐妹返回了刁翎,这使得熟悉西征五常的女战士的人更加减少。即使返回刁翎的这十来位女同志,对西征五常的二十几位女同志中的部分人员也不是很熟悉。因为从7月3日妇女队合并为妇女团出发西征,到7月12日楼山镇战斗后返回仅为十多天的时间,而且是原始森林中艰难行军的十九日。四是撤回刁翎的百十人西征队伍,除一师师部和妇女团八人之外还有四个连队,这四个连有三个连队隶属于二师,一个连队隶属于一师。而一师和二师在西征之前是分在两个地区活动的。五是7月12日的楼山镇战斗之后,参加西征的女战士均随着五军一师活动。而一师师长关书范和相关人员后投敌叛变并于1939年1月被抗联处决。加之以后频繁的战斗造成人员的牺牲和失散,使得幸存的战友中(除金世峰之外)全部知道八女的名字的人几乎没有。金世峰在24年后也回忆不起八女的全部姓名,有的甚至连姓氏也忘记了。至于四军的几位女同志,因为四军的溃散和领导的牺牲,就更难在抗联队伍中找到了解她们情况的知情人了。

在《"社会通用的八女姓名"之分析》一文中,于春芳老师绘制了《八女姓名认定一览表》,表格中对八女认定人的姓名、认定时间、认定形式、社会通用的八女姓名、向社会披露的时间等情况作了整理,并展开了分析。

　　频繁惨烈的战争环境没有为八女留下完整而翔实的档案类文字资料，后人只能依据收集到的残缺资料、不完整的回忆和资讯等研究确认她们的姓名。第一份关于"八女投江"的权威史料，就是周保中1938年11月4日（在"八女投江"半个月后）听完副官张贵仁汇报后的"日记"；但仅有两人姓名。最权威的回忆，就是带领八女过河之人金世峰1962年的回忆：但也仅仅记住一人姓名，三人姓氏。（根据《八女姓名认定一览表》分析）

　　（1）冷云，姓名一致。

　　（2）杨贵珍，虽有贵珍、秀珍、桂珍、桂贞之别，金世峰在回忆时也记不起她，并有"没有她"的说法；但贵珍之名是由培养她参加抗联的徐云卿等战友们给她起的，还专门作了小传；并且周保中在关于"八女投江"的日记中也有杨秀珍的记载。因此，八女中确有此人，其姓名无误。

　　（3）安顺福（朝鲜族），被战友们尊称为安大姐的她，金世峰称她是穆棱人，1941年的《四五军人员阵亡调查表一九三五——一九四零》中称她叫安善希，密山人。安顺福是考证人员从她婆母那得知此名的，她的姓名不能怀疑。

　　（4）胡秀芝，金世峰回忆有胡××，1948年颜一烟在采访周保中时已得到确认，虽有"没有她"的说法，"阵亡表"也无此人，但此人不能否认，姓名应当无误。

　　（5）黄桂清，金世峰回忆有黄××，姓氏无差别，只是其名有桂清、桂芳、桂英之别，考证者是因考证时说"黄桂清的人较多"而确定的——其名字也只能如此。

　　（6）郭桂琴，姓氏一致，虽有桂清之称，但从郭桂琴名字的来源和其他信息分析，此名是可靠的。

　　（7）王惠民，平时大家只称她小王，其姓氏一致，只是有兴民、新民和没有收入表中的义民、玉芝、桂兰等名。"她当时是一个蹦蹦哒哒、活泼好动的孩子"（冯文礼语）。按"八女姓名认定一览表"分析，似乎叫王新民较妥。王惠民首次出现在周保中的文章中是1961年，当时没有发现"阵亡表"，1962年考证人员是按此确认的。而现在王惠民的名字已刻碑勒石，似无改的必要。

　　（8）李凤善，还没有收入表的李凤顺一名。这是一个姓和名都有争议的人。姓，有于、崔、李之别。李凤善是考证人员通过调研后认定的另一位朝鲜族战士。

通过上述内容的分析,于春芳老师提出了自己的观点,认为"阵亡表"提供八女情况的人较少(是否有亲历之人不得而知),而为1962年的考证人员提供八女情况的人则较多,其中还有亲历者金世峰。他肯定了当前"社会通用的八女姓名"应是可靠的。

关于在"八女投江"的壮举中是否还有除金世峰之外的幸存者,于春芳老师肯定了温野、徐文芳在《八女投江新证》中已给出的确切答案,及除金世峰之外再无幸存者,关于还"有一位女战士是'幸存者'的说法是'伪说'"。

于春芳老师还补充说明了以下的内容。

经冯文礼、胡真一两位老人证实,那位在《她目睹了八女投江》《"八女投江"有一男》等文章中所说的女幸存者,此人在1938年7月12日楼山镇战斗之后,随五军军部返回了刁翎,没有西征五常;因此,她"没有"机会参加"八女投江"的那次战斗。但她说的王惠民为王新民、李凤善为李凤顺的意见,是可以作为参考的。

有信息说:"八女投江"中的王惠民仍健在,现生活在俄罗斯哈巴罗夫斯克,已80多岁。对此,于春芳老师讲道,他没有去俄罗斯拜访此人,以确认真伪,但仍认为"八女投江"中的"王惠民"在那种特殊的环境下是不可能生还的。

因为,1.八女投河时的情况与金世峰过河时的情况是不同的:一是金世峰过河时日伪军未发现河边有抗联,没有向河中放一枪一炮。二是金会泅水。2.胡真一老人当年与战友搜寻八女遗体时,就是因为战士们首先"发现一个小丫头挂在柳树毛子上了,人死了",柴世荣军长知道此事后才命令全体人员第二天上午"拉"到乌斯浑河沿岸寻找八女遗体的。3.王惠民的名字有几种说法:王新民、王兴民、王惠民、王义民等,在抗联中有人同名同姓也是不足为奇的。

关于特务葛海禄是怎样"发现"八女战友露营地的?于春芳老师肯定了温野、徐文芳在《"八女投江"新证》中阐明的认定,依据有以下三点:一是"抗日义勇军王荫武大刀会的成员"陈宝山夫妻,当年"在刁翎街以协和旅馆老板身份为掩护","了解"到的"情况"是葛海禄告的密。二是葛海禄本人对此"罪行"也"供认不讳"。三是民间对此也有传说。

于春芳老师根据衣晓白经过亲自设置光源观察后提出的,"葛海禄由样子沟下屯到样子沟上屯会情人一说值得推敲"的说法,即他在"东山岗梁"上"看不到柞木岗山谷中"他"设置的人工灯光"。于春芳老师提出了,那么特务葛海禄是怎样"发现"八女战友露营篝火的?

为了解开这个"谜",于春芳老师绘制了《八女英烈宿营殉难位置图》《葛海禄发现抗联宿营地演示图》及《乌斯浑河下游视域图》。

经在图上逐点演示后发现,只有在样子沟上屯西山的320高地(视距约7300米)和下屯西山276高地至257高地的下段山梁上(视距约7200至7000米)及南山的287高地(视距约8500米),才能看到抗联露营地。在样子沟东山梁上是看不到八女战友们露营篝火的,即使在样子沟东山梁的最高处284高地也看不到。因样子沟东山梁的高程与样子沟西山梁的高程基本相同,样子沟西山梁就遮蔽了从东山梁上向抗联露营地俯瞰的视线。

于春芳老师为了确认上述演示的可靠性,2010年2月他与林口县相关部门进行了实地调研考证。提出了葛海禄发现八女战友露营篝火的山梁,应是样子沟的西山梁,而非样子沟东山梁。

于春芳老师提出,在当年那个时期,"日伪在人迹罕至的山林中布置了不少侦察守望哨"。因此,日伪在上述的这些山头、商量的某个地点"设侦察守望哨"侦察抗联活动不仅是必然,而且还有其特殊条件:一是葛海禄原是谢文东部某师副官,对抗联的活动规律非常熟悉。二是他家住在样子沟,对这一带的地形和抗联在这一带的秘密活动地点、路线也比较熟悉。三是上述那些地点离村庄都很近,直线距离都在1000米以内,很便于特务搞侦察活动;尤其是葛海禄还有与人称"豆腐西施"的女人的特殊关系可以用来掩盖其特务活动。因此,葛海禄"发现"八女战友们的阴谋的实施,绝非葛海禄与"豆腐西施"鬼混后回家时的偶然"巧遇",而是他阴谋的实施。即葛海禄凭借他对抗联活动规律和乌斯浑河下游一带地形熟悉的条件,在样子沟的"侦察守望哨"侦察到了八女战友的露营篝火,并用与"豆腐西施"鬼混的绯闻来掩盖他的特务活动——因汉奸是要遭人唾骂的,侦察抗联活动是要保守秘密的。而民间只知葛海禄与"豆腐西施"鬼混之事,以为他是在鬼混期间"发现"的抗联篝火,并不知他是在借与"豆腐西施"鬼混之机来侦察抗联活动,并以此绯闻来掩盖他特务活动的实质。

葛海禄是侦察、鬼混两不误——他鬼混于"室",侦察于"哨"——"一箭双雕"。

2010年2月2日和3月26日，于春芳老师来到民主屯（样子沟）刘春圃老人的家中，对葛海禄的情况进行了核实。刘老详细介绍了葛海禄从长相到为人和被捕、死亡等情况及日寇在样子沟的驻军情况。刘老讲道："是葛海禄自己说的，他要是不说，别人谁知道。他说是他'领人去打的抗联，八个女的投河了'。"这可就应了民间"小偷不打，三年自招"的谚语。

至此，于春芳老师花费了五年多的时间，对"八女投江"的史实做了大量的史料考证和实地调研，至此结束。

徐文芳，1939年生。1962年7月高中毕业。1963年8月参加工作。1981年9月调入到林口县史志办，任编辑。1988年，获省地方志编纂委员会出版专业人员资格。他参与了"八女投江"的史实考证工作。1985年先后于《牡丹江日报》和《黑龙江日报》发表了《八女投江新传》和《八女投江史实考证》文章。1986年3月编辑了《林口烈士》一书。同年，编著了《八女投江文史辑》，该书是当时关于"八女投江"研究的成果专辑。

徐文芳于1984年6月分两次采访了冷云烈士的老师董仙桥。同时，请董老认证了冷云的毕业证明书。整理出来的内容为《回忆我的学生冷云》，收录在《八女投江文史辑》一书中。

你们这项工作是使得先烈英魂得以昭雪，借此启发教育后代，有意义的事业。我虽然年近九十岁，身体又不太舒服，可是也要对此项工作给予支持。对于冷云（郑志民）烈士在转入抗联五军以前的情况，即冷云同志在校和上五军经过，我经过认真回忆，现在说说，作为参考。

郑志民身体很健康，中上等个头，态度庄重，言谈很流利。

我是一九三一年春天，回到佳木斯的，到原吉林省桦川县立女子师范班任教，女学生将近三四十人。我和徐子良老师经常在每周周会课上对学生讲孙中山先生的"三民主义"、党章等课程，实际上进行接近共产主义的新思想教育。我们还以讲国文（即汉语）名义教学，实际上尽讲些新文化运动的反帝反封建的革命思想，学生很高兴接受。

郑志民、高明世和范淑杰三位女学生素日很要好，很好学，都愿意听我和徐子良老师讲课，思想进步很快。

这三位女学生特别和我们接近,有时借问课程机会,要求老师多讲些国家大事,关心当时的局势发展情况。我和徐老师当然对她们讲了吉林省沦亡,日本领事操纵东北胡匪军阀混战,亡省亡国的双重灾难,讲了当前桦川县也处于国难家危的现实。又特别强调指出日本的大陆政策,首先矛头指向东北大地,而其海洋政策则矛头亦指向中国南部广大土地。从朝鲜亡国的悲惨事实,讲到爱国志士安中(重)根怎样刺死日本首相等反抗日本侵略者的民族英雄事迹等等,教育青年学生要认真地了解中国的形势,懂得珍惜时光,尽心学习,将来好为振兴中华,光复祖国出力。

我家当时住在佳木斯西门外,家里老伴李淑云待人诚恳、思想进步,因此每当星期日,很多学生经常来我家中聊天,来的次数最多的就是郑志民、高明世和范淑杰三姊妹。

我和徐老师经常讨论,郑、高、范三姊妹思想很接近,渴求真理,我们要多作启发教育工作。

不久,九一八事件发生,我们师生曾上街参加宣传游行,抗议日本侵略中国的罪行。

一九三二年四月十二日,日本江船载着侵略军进驻佳木斯城,而国兵头一天不战自溃,逃之夭夭。学校被迫停课,学生四散自去,我们都各处去搞抗日救国的宣传鼓动活动。郑志民是东街——悦来镇人,临回家前又来到我家来串门,和我谈很久很久,依依不舍地回去。我劝她在家乡多看看新的小说,等过年(春节)后再说。

一九三三年,日本占领了桦川县,成立伪县公署,主管是日本参事官宾韦左次,县长是中国人李嘉鼎。日本参事官很关心学校,这年学校复课,强调"劳作教育""贤妻良母教育"等亡国奴的教化方针。以日语为主课,而且又在学生中搞"阶级服从"的奴化体罚教育,激起广大师生的强烈不满。

我这时则通过秘密的形式,向一些进步学生讲时事课,揭露日本帝国主义侵华政策的罪行。郑志民很特殊,思想很敏锐,接受新思想非常快,并且她还能在女学生中勇敢地开展爱国思想教育宣传活动。在女生中同时还有高明世也表现很好。

这年秋天,男女生合校,于桦川县一中设立师范班。这时的郑志民、高明世和范淑杰在示范班里表现尤其活跃,在学生中敢说,一派义勇刚毅气概,有胆有识有作为,成为"三杰"。一九三三年已经成立了中共佳木斯西门外地下党小组,我是负责人。开学不到三个月,就放假过年(春节)。

一九三四年,成立了中共佳木斯西门外支部。我们研究决定,首先发展女师范学生高明世入党。这时,高明世也把郑志民一同拉来我家要求入党,又经过组织认真研究同意,由我和爱人李淑云(地下党组织机要秘书)介绍高明世入党,再由我和高明世介绍郑志民加入中国共产党。我代表组织向她俩讲了些党的纲领章程方针路线方面的知识,要求她们既要保守党的机密,又要大胆热情地宣传教育群众起来抗日救国,最后特别强调了严格地下党的组织纪律。后来,又由高明世和郑志民介绍,发展了范淑杰入党,她们仨在师范班中成立了第一个女生党小组,在学生中开展秘密的革命活动。

一九三五年下半年,师范班男女学生参加了去奉天(沈阳)的毕业实习活动,我讲"教育学"。当时,由我带队,日本殖民主义者派中古司学官监视。我们师生在沈阳参观了一些学校,如沈阳师范学校、两三个小学后,就返回了桦川县佳木斯街。

回来就将近年末师范班毕业时节,郑志民来到我家,曾对我老伴李淑云同志谈及她的婚事问题:由于她还在小学读书时,家里父母包办,给她与孙翰琪订了婚姻大事,表示很不满,但没有说明具体情况。

这年冬末,师范班就毕业了。除了姜士元(陈雷)、张宗兰都是党员和另外几名同学,被留在县公署工作外,其他都分配到全县各个学校中当教师。郑志民被派回悦来镇小学任教,她的同乡同学马成林是她们的党支部书记。

有一次马成林来佳木斯街,找我汇报说:郑志民娘家硬要她结婚,她很不满。因为未婚夫孙翰琪小学毕业后就去当了伪警察,并且思想反动固执,所以郑志民要逃婚去上抗联队伍。当时,组织考虑要她争取孙翰琪反正抗日,要做地下党的情报内线,和不暴露党组织的实际情况,规劝她回家与孙家成亲。然而孙翰琪当警长死心塌地为日寇效劳,卖国求荣被提升为警尉。党组织考虑到郑志民同志有暴露身份和党组织易遭受破坏的危险,后来就同意马成林同志的请示,让郑志民同志走时得变个巧妙的法子。正巧,勃利县委易恩波同志转来周保中将军要求下江特委向抗联五军输送知识分子干部的信件。这样,我们就决定同意郑志民同志由地方转入抗联五军工作。

一九三七年秋,由悦来镇党支部书记马成林同志领导,董若坤(董杰)等人参加秘密地送走了郑志民(冷云)同志。她来到佳木斯后,由我写的介绍信,把她和进步青年教师吉乃臣俩,一同由地下党组织送走。

她们绕道先到勃利县,然后又转道再去投奔抗联五军,在军部秘书处中工作。

解放后,才得知"八女投江"中的冷云指导员,原来就是郑志民同志。

她是位优秀的共产党员,民族的巾帼英雄。

[本文中提及的高明世、范淑杰、马成林和张宗兰都是烈士。董杰(董若坤)是董仙桥老师的女儿,是老红军、老党员,离休干部,是冷云烈士生前的同学和战友。]

徐文芳在 1985 年 6 月 27 日对董杰(董若坤)进行了口述史的采集,整理成了文章《志做中流砥柱——再忆战友冷云烈士》收录在《八女投江文史辑》一书中。

"八女投江"壮烈场景时常浮现在我的脑际,冷云等八位巾帼英雄的伟大形象永远是我们学习的光辉榜样。今天,专题讲讲我的战友冷云烈士,即郑致民,又名郑志民同志的革命志向和高尚情操。

从一九三一年春至一九三七年八月中旬,我和冷云(郑致民、郑志民)在一起生活、学习和工作,结下了深厚的革命友谊,情同手足,姊妹并肩战斗,欢度峥嵘岁月,给我留下幸福的记忆。

她性格开朗活泼,举止既温雅而又落落大方。人们常说"老郑一身兼有男子汉和闺秀的两种美德"。她就地就事编织笑话,逗得大家忍不住,时常在她的周围发出一串串郎朗的欢笑声。

她喜爱口琴、风琴等乐器,并且能用短笛和长萧吹奏出悦耳动听的流行歌曲。

她擅长网球和篮球,还能翩翩起舞。我们经常听到同伴们钦佩的赞许声:"大家都愿意和老郑在一起。"

例如,一九三五年下半年,桦川中学师范班去沈阳实习期间,当时街上流行"凤阳花鼓戏"。她见景生情,吃饭时就用碗筷等餐具作乐器,和我演唱起来:"说奉阳,道奉阳(原词是凤阳,此改奉阳为奉天和沈阳的合词),奉阳本是好地方,自从出了土皇帝(原为朱皇帝,这土字暗指伪满傀儡),十年倒有九年荒,大户人家卖田地,小户人家卖儿郎,奴家没有儿郎卖,身背着花鼓走他乡……"这段妇女沿街卖唱小调,深刻地揭露了旧社会的黑暗,倾诉了劳苦大众的不幸遭遇。

同学们都被我们的真挚传神的演唱所感染,也陆续操起餐具,敲打桌凳和唱起,内心翻腾着"反满抗日"的怒涛。因为冷云(郑致民)已在一九三四年夏天就参加了中国共产党,我也参加了抗日地下活动,我们面对沦亡的东北大好河山,日伪军在肆意猖獗,大家激愤得泪流满颊……。正在这时,日本殖民主义者司学官中古先生赶来喝止了。

冷云(郑致民)喜欢绘画,图画作品一直是同班的上乘,平时注意收藏这类书籍(现东北烈士纪念馆展出部分烈士遗物)。

同学们都称赞:"老郑多才多艺。"这是跟她刻苦好学分不开的。我们相处的那段宝贵日子里,经常发现她手不释卷,一有空暇时间,她就静静地专心致志地读书。每到我家时,除了与我父母(当时佳木斯地下党负责人)交谈外,就钻进书房,聚精会神地翻阅《辞源》《韵府》一类典籍,阅读月报和小说等进步刊物,陶冶情操,增长才干。因此,常被我父亲(我们的老师)夸奖:"郑致民由于好学,知识面很广,富于感情。若坤啊(我当时的名字)要好好向她学习,将来是会有作为的!"所以,在佳木斯读书时她是我家的常客,而在悦来镇教书时我又是她家的座上宾了。我们姊妹俩和其他同志一道曾为革命做过一些有意义的工作。

在奉天(沈阳)实习期间,郑志民(冷云)利用一切时间去书店购买自己有用的书籍,并且在所到的学校里查阅了大量典册书报杂志,丰富了自己。还对我说:"咱们师范毕业后,如果当局不限制的话,咱们都升学,继续升学是有前程的,将来对社会改造会起更大的作用。"她对"壮志凌云"一词有特殊感情,当踏上教学岗位时,就改名为郑志民,立下凌云壮志,为解放中华民族而战斗,为劳苦民众谋福利。因此,她既能积极为地下党和抗日游击队搞情报,又能热忱地教育学生热爱祖国,努力学习。在她家里食宿和补课的学生络绎不绝。

她常常引经据典写文章赠给朋友,激励同伴要有远大志向,"要去做祖国最需要的人,做革命的中流砥柱。"我记得她在一九三五年末师范毕业时,单独手持花束和怀抱厚厚的精装的《全唐诗》留影。她用这张对未来的奋斗充满胜利信心的照片赠给师长和同学们。

她常说:"我们这一生都交给党安排。"坚持一切言谈举止都遵照中共佳木斯地下党组织的指示办事。我们一群热血的青年一起化妆扮演"夫妻"和"相好",用以欺骗敌人,掩护同志和伤员。我记得最深刻的一事,冷云(郑志民)在马成林(中共悦来镇党支部书记)领导下,通过邻居吉乃臣老师侦察到悦来镇里的警察署的武装警察将要跟着日本守备队去鹤岗方向"剿匪",就及时把情报转送到抗日联军游击队中去,当晚我抗日武装迅速摆脱敌人,乘机从双鸭山奔袭了悦来镇这座空城。游击队二百多人雄赳赳气昂昂地攻进悦来镇,打开"德增盛"等奸商店铺,征集大批给养物资,高喊着抗日救国口号顺利撤进山里,而敌人竟扑了空又伤了本。

为了摆脱汉奸伪警察孙翰琪的纠缠,避免中共悦来镇地下党组织暴露,再加上向抗联游击队输送干部,马成林曾多次找冷云(郑志民)商量办法,又去佳木斯向我父亲董仙桥(中共佳木斯地下党负责人)请示汇报。当组织决定护送她转入抗日游击队时,她高兴地对我说:"咱们到部队中是革命的需要,因为那儿缺少有文化的干部,只要到部队中好好干,一定能有出息。来年,你一定要去。花木兰是女的当兵,咱们也应该去……"

一九三七年夏末,我和马成林大哥秘密地送走了郑志民。直到一九四五年"八一五"东北光复后,才得知她率领战友以壮烈的行动谱写出"八女投江"英雄篇章。她在部队里起了个顶天立地的名字:"冷云"。

唐诗有句"冷云虚水石",讲的是水天一色的顶天立地的中流砥柱石场景。忆往昔,我们在一起谈论要做革命激流中的砥柱的崇高形象油然耸立在我的面前,冷云壮志(凌 Ling 与冷 Leng 近音)今已酬,光辉楷模启后人。

1984 年 4 月 16 日至 5 月 13 日,林口县志办工作人员先后七次采访冷云(郑志民)烈士的哥哥郑殿臣老人,老人回忆了冷云烈士的生平,由徐文芳进行了整理收录在《八女投江文史辑》中,原文的标题为《回忆我的妹妹——冷云》。

伪满时期我们家住在桦川县悦来镇,父亲郑庆云种地,在镇子上卖小菜,母亲谷氏。我年轻时在外做买卖(当店员、售货员),我们姐弟仨:大姐姐属"兔"比我大三岁,早就出嫁了,后来被警察勾结歹徒图财给谋害死了;我比小妹妹郑志民(即冷云)大九岁。

一九一五年属"兔",郑志民(冷云)小妹妹诞生了。她小时候的名字叫郑香芝,性格好,好说好笑,忠厚老实,刚强不哭,对老人和兄长孝敬,是母亲最疼爱的人。

一九二五年春,她十岁时上了悦来镇北门里两级小学校读书。有一次,因为画画儿,被姓何的先生把小手打肿了,手背也出了血,但她没有哭一声,回家也常背着手,不让父母和我看见。她刚强的性格,待人和气的态度,和聪明好学、爱劳动的习惯,很合家里人的意。她和嫂嫂张淑云处得最好,从来没闹过红脸,放学回来常帮嫂子做饭、刷碗及洗衣服等。

由于家里贫困,她在小学念书时就由父母主持跟同学孙翰琪家订了婚。

一九三一年,她考上了佳木斯街的桦川县立女子师范学校,起名叫郑致民(志民),跟董仙桥老师念书。日本人来后,停过学。后来又男女合校到桦川县中学师范班读书。在一九三五年(伪满康德二年)十二月末毕业,回到悦来镇南门里小学教书。

她因为未婚夫孙翰琪小学毕业就去当了伪满警察,很不满,常跟母亲叨咕:"警察的脖子安不牢,日本话不用学,再呆二年用不着。"所以闹着要退婚。

一九三六年一、二月份,她毕业后回悦来镇不久,春节前无奈她才与孙翰琪结了婚。

这期间,她经常和董杰(原名董若坤),还有董杰的两个姨娘,她们常在一起跳舞唱歌,很好看。我妹妹还自己做支笛子,吹得很好听。

日本人也来翻过她的书箱子。

后来,孙翰琪调到富锦去了。

第二年(一九三七年)秋,她说去富锦就走了。以后孙翰琪来我家要人闹了一阵,我家给出了离婚手续,他又娶了媳妇,才算了事。

郑志民走后,街上人说她跟一个男人跑了。再就没有信了。只是董杰(当时叫董若坤)还常来我家看看我的老妈妈。

　　解放后,董仙桥回来佳木斯市当副市长时,我们才知道我小妹妹郑志民到抗联了,"八女投江"中牺牲的冷云烈士就是她。

　　过去,东北烈士纪念馆也来过人,还拿走过东西和照片。

　　这些东西(指现在捐献出的烈士遗像遗物),我们留作纪念的,没给他们。

　　你们林口县的同志来过我们家六七趟了,还买东西表示慰问,我很高兴,愿意把冷云(郑志民)我小妹妹的遗物献给你们保存好哇,放心啊。

　　冷云(郑志民)烈士永垂不朽!

　　至此,经过三次大规模的史实考证,八女投江的全貌基本呈现在我们眼前,我们深深感谢周保中、冯仲云、颜一烟、温野、于春芳、徐文芳等人朝圣般的努力!

　　在历史考证的过程中,还采集了大量的口述史和回忆录,以印证历史。

　　王连才,黑龙江省牡丹江市林口县刁翎镇四合村土改的老干部,他家与抗联八位女战士的郭桂琴和王惠民是邻居,他曾经回忆起抗联八位女战士的情况,由徐文芳整理,刊录在《八女投江文史辑》中。

　　我们这个村子是在民国年间建立的,原名叫刁翎的河西屯,解放后改名四合子村等。我是民国十三年(1924)在这里生的,一直在这里生长和劳动到现在,经历了民国、伪满洲国、光复初闹中央胡子、建立人民民主政权和中华人民共和国诞生。我从小是放牛娃,解放后开始在村政府工作,后来一直担任大队党支部书记。

　　回想起抗日战争期间的事,我们这个村子有很多可歌可泣的英雄人物和事迹可讲。……单说说我们了解的抗联八女投江中的郭桂琴和王惠民两位烈士的情况。

　　我们是邻居,孩提时就经常在一起采野菜放猪放羊放牛,都熟悉。我清清楚楚地记得在我12岁那年(1936)农历七月二十二,日本鬼子来搞归大屯,在这一带打过仗,烧了不少房子。郭桂琴,乳名菊花,比我大三岁(1921年生),那年她大概是15岁吧,长得个头约有1.40米,瓜子脸,留着长长的辫子,挺俊的。她妈妈早就死了,寄居在姥姥家。姥姥家当时也很穷,她常穿着带补丁的衣服。她性格挺大方的,很活泼,爱说爱笑,又爱唱民间小调和扭个秧歌什么的，因此我们都喜欢跟她在一起。她也愿意和大伙在一起欢欢乐乐劳动和生活。

我记得这年农历五月份（公历是6月下旬至7月中旬）的一天，我去她们家玩儿，看见抗联五军的一位王连长和一名女战士，正在跟郭菊花和姥姥俩讲些什么。见郭姐用剪子把长长的发辫给剪掉了，和姥姥在哭泣，并且在小声喃喃诉说着什么。

我正在发愣，只听那位王连长诚恳地劝说道："哭什么？走好。省得鬼子来闹，不把鬼子打出去，能过上太平日子吗？"那位女兵也劝老雷太太。啊，原来郭姐要去参加抗联队伍了。她当抗联以后，还回来探望她姥姥哩。

伪康德五年（1938）秋，听说郭桂琴也牺牲在三家子下边的乌斯浑河里。老雷太太直至解放后，时常到河边默默地落泪。

再说说王惠民，她是抗联五军王副官的闺女，她爹外号叫王皮袄。王惠民是小中等个头儿，爱说爱闹爱唱，能吃苦能干活。她家姊妹弟弟一大帮，房子被日本鬼子给烧了，到处搬家。她家里常有男女抗联人员来往。后来听说她跟爸爸上山打鬼子去了，也牺牲在乌斯浑河里。她和我一般大小，走的那年不过也就十一二岁罢了。她有姨姨，"文化大革命"前还住在四合屯子里，经常念叨要查找，后来搬走了。

我那时也差点儿跟于为老汉上山去当抗联。老于头是抗联副官，经常对我们讲打鬼子的故事，他时常来往于古城镇北的马鹿沟和刁翎一带，组织我们（包括小孩）到刁翎街上买东西，集中起来送给山上的抗联队伍，托我们小孩子买的东西有胶皮鞋、皮帽子等。

1962年，哈尔滨的东北烈士纪念馆来了一伙人调查八女投江的事，我们屯子里的人都知道，我也说过。

这小锅盔山南坡顶上，有当年抗联密营，有个秘密石洞。

赵海龙，1952年生于吉林省双阳县齐家乡卧龙泉村，毕业于桦南县第二中学，在桦南照相馆参加工作，是黑龙江省佳木斯市桦南县民间自费从事抗联史研究的学者。参加工作后，他偶遇到一位抗联失散人员，为其经历所感动，此后他将大部分时间投入到抗联资料的收集和整理工作，走访了健在的抗联老兵。通过近30年的时间,他填补了抗联第三、第四、第五、第六、第八、第十一军的重大战事史实。2017年10月,作者在桦南县见到了赵海龙先生,得知他编著的《谢文东传》已完成了初稿。赵海龙先生曾自费多年对"八女投江"史实进行考证,还对八女的战友冯文礼先生进行了采访,对其口述史进行了整理,并收录到了《八女投江史实考》一书中。

1935年我15岁,参加了抗联五军,在军部当传令兵。

由于年龄小,不能直接参加战斗,领导把我们这些年龄不足17岁的少年,编成第二教导队,学习文化、军事知识,跟着战士们观摩战斗,体验生活,锻炼意志,增强抗战必胜的信念,坚定为抗日胜利不怕流血牺牲的精神。我在入伍前,有三年的私塾功底,我成为文化学习的小教员。

1937年秋,我被特批加入党组织,随后去苏联学习无线电技术。1938年初我回国后,仍然给宋一夫当警卫员,并携带电台。我们五军二师与四军一起向刁翎集结,然后向五常远征。

我们从宝清大叶子沟出发,四军的几位女兵也一同远征。为了避开敌人的围追堵截,我们经饶河、密山到勃利,再到林口县的四道河子密营,最后到了莲花泡密营。西征部队在这儿集结后开始出发。计划与抗联十军会合后再向通化进军,与杨靖宇建立联系,再与关内的八路军、党中央取得联系。

7月2日我们从莲花泡出发,晚上攻下了三道通伪警察分署,得到些补充。在四道河子密营会齐了后勤人员和妇女团。四军的安顺福等几位女兵与五军的妇女团二十五六人合在一起,约有30多人。我这时认识了安顺福。我与五军的两个妇女队的女兵都非常熟悉,我给她们上过文化课,与她们经常见面,有时还在一起活动。这时她们与男战士一样,踏上了远征的征途。

为了给养,我们打下楼山镇暴露了目标和计划,大批的敌人从四面八方向我们包围。我们从冬雪未化尽时出发,到苞米灌浆,始终在山里转,绿荫蔽天,与敌人在林中周旋。那年夏秋多雨,我们没有防雨水的工具,整天始终是浑身湿淋淋的,全靠自身的体温把衣服烘干。天天行军、打仗。休息、睡觉背靠大树干。每天早上,敌人的好几架飞机来到我们可能活动的区域上空侦察,发现人踪、烟火,即行轰炸,或撒传单,敦促我们投降。我们很少吃过饭菜,喝过开水,基本是野菜、野果充饥填腹。我们面对着常人难以想象的困难,以顽强的毅力坚持,向预定的目标前进。女同志的艰难更是可想而知了。

楼山镇战斗后,部队分开行动。妇女团有王玉环、胡真一等十来人跟随柴军长返回刁翎根据地。其余20余人继续随五军一师西征。从这分别后,与她们再没有见过面。

我们先后攻占楼山、大石龙、小石龙、二道冲河、老街基、龙王庙、小山子、石庙、棒槌沟、沙河子。在这期间,意志不坚定者叛逃了,加之战斗伤亡、掉队的,人越走越少。最后,我的身边只剩五十余人,没有了领导指示我们的行动。大家集体讨论,多数人同意返回老根据地,寻找军部,我们决定分散活动。当走到尚志老街基时,我身旁只有一人,我俩暂时隐居在老乡家。

上世纪50年代末,我才知道八女投江的事。妇女团的那些女战士的音容笑貌时常在我脑海中闪现。特别是郭桂琴,她是经徐云卿介绍的我的对象,遗憾的是,她赠给我的手套和手绢在频繁的战斗中没有保存下来;她上中等个,圆脸,有点瓜子脸型,长得漂亮,歌唱得好。杨贵珍是我当代理指导员时的宁满昌连长的妻子,我非常熟悉她,她矮个儿,鸭蛋脸。李凤善,朝鲜族人,中等个儿,尖下颏,好说笑,长得漂亮。安顺福,朝鲜族人,四军被服厂厂长,是四军四团团长朴德山(后牺牲)的夫人,中等个儿,比较胖,方脸型。黄桂清细高个,比较瘦,爱唱歌。胡秀芝中等个儿,圆瓜子脸型,长得漂亮。王惠民岁数最小,圆脸,就像个孩子,活泼好动。冷云中等个儿,老实,不太爱说话。

回忆抗联历程,血染征袍,火烤胸前暖,风吹背后寒,吃树皮,啃草根习以为常。道上死,雪里埋,秫秸垛是灵头幡,狗肚子是棺材,不知牺牲了多少不知名的英雄、战友。他们在民族危亡之际流血牺牲,是为了驱日寇,掳强奴,复东北,救中华,解救人民于苦海,终于换来了今天的幸福生活。

我参加抗联,尽了一份我人生的历史责任。同时告诫年轻人,勿忘国耻。忘记过去,就是背叛,请珍惜今天的幸福生活吧!别忘了死去的烈士们,他们也更知道生命的宝贵;他们为了后人的幸福,无私地奉献了青春和生命。

结语　弘扬英雄铸就的东北抗联精神

　　以习近平同志为核心的党中央领导集体高度重视对党的历史进行总结和运用。在党的十八届中央政治局第七次集体学习时，习近平总书记强调指出："历史是最好的教科书。""学习党史、国史，是坚持和发展中国特色社会主义、把党和国家各项事业继续推向前进的必修课。"这就把学习党的红色历史提高到了事关全局的重要地位。认真学习党的历史，传承和继承好党的红色历史经验，弘扬党的红色革命精神，对于推动全党从对党的历史的坚定自信中进一步坚定新时代中国特色社会主义道路自信、理论自信、制度自信和文化自信，具有重大的现实意义和深远的历史意义。

　　历史连着未来，历史通向未来。只有在对历史的深入思考中才能更好走向未来。历史证明，只有中国共产党能够领导中国人民从胜利走向新的胜利。在新的历史条件下坚持和发展新时代中国特色社会主义，必须坚持走自己的路，必须顺应世界大势，必须代表最广大人民根本利益，必须加强党的自身建设，必须坚持道路、理论、制度和文化自信。这就是重温党史必然得出的结论。

　　崇尚英雄是一个民族生生不息的精神源泉，捍卫英雄就是捍卫我们民族的精神血脉。"英雄不是点燃的蜡烛，而是一束纯净的阳光。"蜡烛有燃尽的时候，而英雄精神却光照千秋。一个没有英雄的民族是可悲的民族，而有了英雄却不珍惜的则更可悲。因此，无论时代如何变迁，社会如何发展，革命先烈和英雄们舍生忘死、前赴后继、为他人谋幸福的精神都不能丢。

　　沧海横流，方显英雄本色。中国人民的抗日战争，是民族之殇，国家之痛。然而，正是这样的殇、这样的痛，却激起了中华民族万众一心、众志成城，迎难而上、百折不挠的顽强斗志，激发了铁血男儿英勇无畏、以身报国的万丈豪情，表现了视死如归、杀身成仁的崇高民族气节。

从威名赫赫的上将张自忠到放牛的孩子王二小,从舍身跳崖的狼牙山五壮士到乌斯浑河的八女投江,地不分东西南北,人不分男女老少,多少优秀的中华儿女义无反顾地奔向杀敌战场,笑迎屠刀,慷慨赴死,用热血和生命铸就了中华民族打不烂、压不垮的钢铁脊梁,淋漓尽致地展现了威武不屈的英雄气概。

今天,我们虽然无法精确地统计抗日战争到底有多少为国捐躯的民族英雄,但他们的英雄精神早已融入我们民族的血脉之中。三千五百万中国军民的鲜血和一千亿美元的直接损失所凝成的历史丰碑,正是我们中华民族五千年文明古国大气磅礴、永不沉沦的不断的根、不灭的魂。在为中华民族复兴而奋进的光辉史册上,永远镌刻着他们熠熠生辉的英名。

习近平总书记在 2015 年 9 月 2 日《在颁发"中国人民抗日战争胜利 70 周年"纪念章仪式上的讲话》中曾讲道:在抗战英雄身上,充分展现了天下兴亡、匹夫有责的爱国情怀。在抗战英雄身上,充分展现了视死如归、宁死不屈的民族气节。在抗战英雄身上,充分展现了不畏强暴、血战到底的英雄气概。在抗战英雄身上,充分展现了百折不挠、坚忍不拔的必胜信念。"天地英雄气,千秋尚凛然。"一个有希望的民族不能没有英雄,一个有前途的国家不能没有先锋。包括抗战英雄在内的一切民族英雄,都是中华民族的脊梁,他们的事迹和精神都是激励我们前行的强大力量。

冯仲云在《东北抗日联军十四年苦斗简史》结束语中曾流露出对东北 14 年抗战的深切回忆,今天读起来仍震人心弦、催人泪下:"东北抗联在默默中和敌人搏斗了 14 年,在这悠久的历史里,造成了几许可歌可泣的故事。对于这些为了祖国而流血的先哲烈士们,我们应该怎样去纪念他们,他们是我们勇敢的同胞,他们以鲜红而赤热的血,载起我们祖国复兴的花,他们用血肉之躯铺平了我们光复的大道,他们没有一个是为了自己的,他们的精神是不朽的,他们的志气是超卓的,他们的毅力是坚决的,他们都能整个地代表着我们中华民族的光荣和勇敢的精神。""一个有希望的民族不能没有英雄,一个有前途的国家不能没有先锋。"能不断滋养和培育英雄的民族,才能自立于世界民族之林。能懂得崇尚英雄的民族,才能永远立于不败之地。抗日英雄的光辉形象,抗日救亡的战斗精神,须鲜明而强烈地注入中华民族的血脉中。

精神是一种特殊意识的抽象和升华。它源自于人们征服自然和改造自然的现实生活,反映特定社会历史发展阶段的背景和特征,并随着客观环境的变化不断被人们赋予新的内涵。"精神变为物质、物质变为精神"是推动中国革命、建设、改革不断走向胜利的辩证法。伟大的革命孕育伟大的精神,精神的力量是无穷的,能够凝聚人心、激发斗志,转化为改造世界的强大正能量。在中国共产党的领导下,全国各族人民创造了举世瞩目的人间奇迹,也创造了足以载入中华民族精神史册的伟大革命精神。东北抗联精神是在民族独立与解放的实践的基础上形成的,它所闪耀的精神光芒在新时期历久弥新,是新时期社会主义价值观的重要内容,也是实现"中国梦"的重要精神支撑。当世界都在探寻中国奇迹的背后原因,国人在品味近百年中华民族峥嵘岁月和苦难辉煌历程的时候,都会不约而同把目光投向那些艰难困苦中射出耀眼光芒的历史史实中——东北抗联就是其中之一,它的光芒就是东北抗联精神。东北抗联在长期的与凶恶敌人的斗争实践中,铸就了以爱国主义为核心,包括忠贞报国、艰苦奋斗、英勇拼搏、不屈不挠、不惧牺牲、爱国主义等精神在内的抗联精神。东北抗联精神与红船精神、井冈山精神、苏区精神、长征精神、延安精神和西柏坡精神等一道成为中国革命精神不可或缺的重要组成部分,成为民族凝聚力的新标志。当前,以爱国主义为核心的民族精神和以改革创新为核心的时代精神,都蕴含着抗联精神的"遗传基因",贮藏着抗联精神的"内核密码"。

一、东北抗联精神形成的时代背景

东北抗联精神的产生经历了历史的发展和沉淀,它的形成并不是偶然的,而是有着深刻的历史基础和时代条件的。

(一)中国共产党的坚强领导是东北抗联精神产生的先导

九一八事变爆发后,中共中央和中共满洲省委于 1931 年 9 月 19 日至 22 日连续发表了《为日本帝国主义武装占领满洲宣言》《中国共产党为日本帝国主义强暴占领东三省事件宣言》和《中央关于日本帝国主义强占满洲事变的决议》等三个文件,强烈谴责了国民党反动当局的卖国误国政策和日本帝国主义的侵略罪行,号召全国人民举行民族革命战争以驱逐侵略者,拿起武器以抵御外辱。中共满洲省委在领导与协助义勇军斗争的同时,就注重建立党直接领导的抗日武装。在哈尔滨,中共北满特委和哈尔滨市委组织党团员,发动工人、学生、市民进行反日斗争。阿城、珠河、宁安、密山和东满各县以及磐石、海龙、吉林、长春等地的广大群众,在党团员的宣传鼓动下,积极行动起来,响应中央和省委的指示精神,开展轰轰烈烈的反日斗争。12月底,中共满洲省委再次遭到破坏,省委机关由沈阳迁至哈尔滨,中央派罗登贤任省委书记。从1932年初开始,满洲省委陆续派省委军委书记杨林、杨靖宇到南满,中共大连市委书记童长荣到东满,省委军委书记赵尚志到巴彦、珠河,省委秘书长冯仲云到汤原,进行创建抗日武装的工作。他们指导当地党组织并同当地领导人一起深入农村,发动群众,夺取武器,从无到有,先后创立了磐石、海龙、延吉、和龙、珲春、汪清、巴彦等十几支反日游击队。

党领导的人民武装诞生之后,就以崭新的思想风貌和战斗风格活跃在战场。它以抗日救国为宗旨,密切同人民群众结合在一起,表现了英勇顽强勇于献身的精神。磐石南满抗日游击队,在杨靖宇任政委之后,从1933年1月到5月间,抗日游击队连续粉碎了日伪军的4次围攻,大小战斗达60余次,打死打伤日伪军100余人,缴获了许多武器和弹药。游击队从不足百人发展到250余人。到1933年9月,全东满的反日会员达19 100余人,儿童团员1 900余人。活动在吉东地区各县的救国游击军、反日同盟军、饶河游击队、密山游击队,也在抗日游击战争中发展壮大。

各地党组织克服了因"北方会议"制定的"左"倾错误带来的消极影响,努力根据东北实际调整政策,纠正"左"的做法,使抗日游击战争不断发展。同时,根据1933年1月26日《中央给满洲各级党部及全体党员的信》(简称《一·二六指示信》)的精神,贯彻党的抗日民族统一战线的方针,团结各抗日武装,共同进行抗日斗争。1933年9月到1936年2月,东北人民革命军各军相继成立,东北抗日游击战争有了新的发展。在这段时期,东北人民革命军各部由于执行反日统一战线的方针,实行符合实际的抗日游击战略战术,在艰苦环境中英勇奋战,粉碎了敌人的多次"讨伐",发展壮大了自己的队伍,并扩大了游击根据地,使东北抗日游击战争呈现蓬勃发展的良好局面。

1937年7月,全国抗日战争全面爆发后东北抗日战争的战略任务发生了重要变化。东北地区成为日本侵略中国的后方基地,东北抗日战争成为全国抗日战争的组成部分,配合全国抗战成为东北游击战争的主要战略任务。中共南满、吉东、北满省委领导的东北抗日联军和东北人民积极行动起来,消灭了大批敌人,打击了日本侵略者,有力配合了全国抗战。同时,日本侵略者为了巩固侵华战争的后方基地,不断增兵东北,并以强大的兵力对抗联部队进行连续不断地"讨伐",极力强化法西斯统治。到1938年下半年,东北的抗日游击战争进入极端艰苦的时期。抗日游击区遭受严重破坏,许多共产党员和抗联将领英勇牺牲。抗联各部队在缺衣少食的条件下,与超过自己几十倍的敌人作战,困难日益加重。究其原因主要是敌人过于强大,自然条件极其恶劣,与党中央断绝联系而导致组织内部思想混乱等,这也使得东北各省委和抗联部队更迫切需要中共中央的领导,他们曾设法与中央取得联系,但均未达到目的。

在东北抗日联军遭受严重困难和挫折的形势下,东北党组织和抗联领导人不断研究、寻求新的斗争方式,以保存自己,有效打击敌人。1940年1月,东北抗联领导人进入苏联,与苏方共同在伯力召开会议,形成了《关于东北抗日救国运动的新提纲草案》,草案分析了斗争形势,总结了东北抗日游击战争经验教训,决定整编军队,开展机动灵活的分散的小型游击战争。与会同志经与苏方会商,正式确立了苏联远东军援助东北抗日联军的方式。1942年9月,"中共东北党委会"成立,使得东北抗联各军的中共党员、干部统一组织起来,对于保存抗联部队,整训部队具有重要的意义,同时也为抗联部队日后配合苏军进攻东北作战创造了先决条件。

中共东北党组织领导的东北抗联在与中央长期失去联系的情况下,在极端复杂、险恶的环境中,一直坚持和领导东北抗联和人民进行抗日斗争,直到最后胜利。这最根本的原因是因为有东北党组织的坚强领导以及广大共产党员坚定了共产主义信念,就是为了民族利益、为了民族解放不怕流血牺牲的大无畏的崇高革命精神,就是始终心向党中央、胸怀伟大祖国的高度党性原则。因此,中国共产党的坚强领导是东北抗联精神形成的先决条件。

(二)东北广大军民的优秀品质是东北抗联精神形成的内在因素

九一八事变爆发后,由于蒋介石政府的不抵抗政策,日军在三个月内占领了东三省,东北沦为日本帝国主义的殖民地。然而,富有反抗精神的东北人民并没有屈服,无论是中国共产党人、国民党的爱国官兵还是广大的工人、农民、学生和知识分子以及地方官吏、士绅和绿林队伍等,纷纷组织各种形式的抗日义勇军,掀开了大规模抗日武装的帷幕。他们在抗日救国的旗帜下,汇集成一股股抗日洪流,仅半年时间,队伍就发展到 30 余万人,抗日斗争遍及百余县,给予日本侵略者以英勇抗击。

在江桥抗战中,马占山率领当地军民重创日军,歼灭 1 400 余人,接着又在三间房战斗中打死日寇 700 余人。江桥抗战,是东北军爱国官兵违反南京国民政府不抵抗政策,奋起抗击日本侵略者的壮举。1931 年 11 月 22 日的《国际协报》著文评论说:"此次日军侵我东北,辽吉当局于不抵抗主义之下,未及一旬,将两省重镇完全放弃,仅黑龙江一省,赖军事当局数人之力,得以不堕。嗣马占山将军奉命守土,坚决抵御,迄至今日,幸得海伦一部……故马占山及黑省一般将领,将来纵因力不能敌,终归失败,其丰功伟绩,在中国历史上,亦终有不能磨灭湮没者也。"江桥抗战开中国抗日战争之先声,振全国抗日救国之精神,虽败犹荣。它极大鼓舞了全国人民特别是东北人民的爱国热忱,推动了东北各地抗日义勇军的组建和武装抗日斗争的发展。此后,由于日本帝国主义的猖狂进攻,敌我力量过于悬殊,以及义勇军自身存在的弱点,这一大规模的抗日斗争很快就失败了。但东北抗日义勇军的英勇杀敌、不怕牺牲的精神,充分彰显了中国人民不畏强暴,坚决抵御外辱的英雄气概和高贵品质。

在东北人民最痛苦无望的关头,中国共产党肩负起了组建抗日武装,保卫领土的历史使命,独立领导抗日游击战争,决心收复一切失地,驱逐日本帝国主义出中国。东北抗联从它几百人的游击队和东北人民革命军开始,就向日本法西斯开展了猛烈的攻击,至全国抗战爆发前,东北抗联与敌交战上万次,袭击城镇百余座,游击活动遍及 70 余个县。在中国共产党的感召下,东北各界群众纷纷加入到抗日斗争行列,东北抗联部队发展到 3 万余人,对日本侵略者的殖民统治造成严重威胁。从九一八事变开始到七七事变的 6 年间,东北抗日义勇军和东北抗日联军始终站在全国抗日斗争最前线,消灭了大批日、伪军,取得了辉煌的战绩。东北抗日武装消灭敌人的数字难以准确统计,仅就日本陆军省于 1936 年 3 月 18 日所公布,从 1931 年九一八事变至 1935 年末,日本关东军战死达 4 200 人,伤病 17.13 万人。据日本关东军参谋部统计,1936 年至 1937 年 9 月,日军死伤 2 662 人。两项相加,6 年中,日本关东军死伤病者共计 17.82 万人。

全国抗战爆发后,东北抗联的斗争融入全国抗战的洪流中,有力配合了全国抗战。在全国抗战的鼓舞下,抗日联军指战员主动出击,攻袭敌人的军事据点、兵站,摧毁敌人的军事设施,破坏敌人的交通通信,牵制了大批日军,使之不能入关南下,有力支援和配合了全国抗战。

当外敌入侵之时,东北抗日联军指战员来自不同民族和社会不同阶级、阶层,其出身、经历各不同,但都能本着"国家兴亡,匹夫有责"的精神,顽强战斗,英勇不屈。以抗日将领杨靖宇、赵尚志、夏云杰、赵一曼、冷云为代表的一大批中国共产党的优秀儿女,毅然决然地献出宝贵生命,长眠在白山黑水间,用鲜血和生命谱写出壮丽的爱国诗篇。正是有了东北广大军民万死不辞、一往无前的奋斗意志,有了这种忠贞刚烈、威武不屈的优秀品质,才产生了伟大的东北抗联精神。他们是不甘屈服外敌的中华民族的精英,是中华民族的忠诚儿女,其精神永远值得后人学习、传承。

(三)东北地区的特殊自然环境是东北抗联形成的客观原因

东北抗联精神是抗日战争时期中国共产党领导的东北抗日联军抗击日本帝国主义的产物,它的形成与东北地区特殊的艰苦斗争环境有着极为密切的关系。

东北抗联斗争的极端艰苦在世界战争史上都是极为罕见的。著名记者穆青在一篇文章中写道:"在抗日战争期间,我亲身经历了无数苦难。在晋西北吃过黑豆糠米,在冀中钻过地道。但是,比起东北抗联遇到的困难,实在是算不了什么。我也读过中外战争史,看到过不少反法西斯斗争的英雄事迹的报道。但是,论其战争的残酷性、艰巨性,没有一支是超过东北抗联的。中国人民正是依靠这批伟大的民族脊梁,依靠他们拼死的抗争精神,才免遭灭亡。"

就自然环境而言,东北地处中国北方一隅,长达半年的漫长的严寒冬季,在白山黑水间,在莽莽林海雪原,气温在零下三四十摄氏度,抗联战士有的身无棉衣,在漫山遍野、大雪覆盖的原始森林营地苦撑,山菜、野果无处寻觅,冻伤疾病时刻威胁着抗联官兵。在渺无人烟的丛山密林中,抗联将士用雨水雪水解渴,树皮野菜充饥,但他们却一直保持着旺盛的斗志。1938年,东北抗日游击战争进入了最艰苦的时期。为了粉碎日寇"围剿",东北抗日联军第三路军向嫩江平原转移,分三批进行了千里西征。5月的一天,抗联第三路军行军途中,刚刚吃完饭,天空阴云密布,雷声隆隆,一场暴雨铺天盖地淋了下来,暴风雨过去后抗联战士们点燃了篝火,不断往火上添柴,让火越烧越旺,战士们在火上烤着淋湿的衣裳,《露营之歌》的第一段由此诞生,"铁岭绝岩,林木丛生,暴风狂雨,荒原水畔战马鸣。"便是这段经历的描写。在随后的西征途中,《露营之歌》后三段陆续创作出来。《露营之歌》是抗联生活的真实写照,歌词用时间顺序描写了抗联春夏秋冬的露营生活,在空间上从松花江畔到小兴安岭,从镜泊湖到嫩江平原的广阔天地,著名的歌词"火烤胸前暖,风吹背后寒"是对抗联艰苦露营生活的生动描述,而"围火齐团结,普照满天红"则是抗联战士不畏强暴的浩然正气和英勇顽强斗争精神的写照。它所表现的中华民族那种英勇顽强的斗争精神,至今依然震撼着人们的心灵。

就生存环境而言,东北抗联始终处于日本严密的殖民统治下,为了镇压和消灭东北抗日联军,日伪统治者集中优势兵力对抗联进行武力"讨伐"和"围剿"。敌人采取密集搜捕的"篦虱战术",毁坏抗联密营。通过推行建立"集团部落",残酷制造"无人区",彻底断绝民众对抗日部队的物资支援和人员补充,使抗日部队陷于孤立无援的境地,从而丧失基本的生存与活动条件,在深山密林中过着艰苦的露营生活。在日军的残酷围剿下,抗日游击区不断缩小,东北抗日联军许多指战员相继牺牲,无数抗联战士于频繁战斗、饥寒交迫的险恶环境中献出了宝贵生命。曾有文章这样写道:世界上还从没有一支军队,像东北抗联这样,无论是总司令还是普通士兵,在十多年的时间里时刻面临着饿死、冻死和战死的威胁。然而,就是在这样的险恶环境中,他们却坚持了 14 年,歼灭了大批日伪军。他们靠的是什么?靠的就是为了中华民族的独立解放而英勇献身的东北抗联精神。

二、东北抗联精神的内涵及时代价值

(一)抗联精神的内涵

"精神变为物质、物质变为精神"是推动中国革命、建设、改革不断走向胜利的辩证法。在中国共产党的领导下,全国各族人民创造了举世瞩目的人间奇迹,也创造了足以载入中华民族精神史册的伟大革命精神。东北抗联精神是在民族独立与解放的实践的基础上形成的,具有独特的精神内涵。东北抗联在长期的与凶恶敌人的斗争实践中,铸就了以爱国主义为核心,包括忠贞报国、艰苦奋斗、英勇拼搏、不屈不挠、不惧牺牲、爱国主义等精神在内的抗联精神。东北抗联精神与红船精神、井冈山精神、苏区精神、长征精神、延安精神和西柏坡精神等一道成为中国革命精神不可或缺的重要组成部分,化为民族凝聚力的新标志。

一是矢志不渝、忠贞报国的爱国主义精神。在东北14年的抗战中,爱国主义精神得到了进一步的发扬光大,东北大地的优秀儿女,用铮铮誓言,表现了拳拳的爱国之心。正是在这种爱国主义精神激励下,无数爱国志士和民族英雄,保家卫国,甘洒热血,成为中华民族历史上永远的丰碑。

二是前赴后继、视死如归的革命英雄主义精神。九一八事变后,中国共产党领导的抗日武装,英勇抗击了日本帝国主义。在悲惨壮烈的斗争中,抗联官兵坚贞不屈,英勇献身。据统计:在14年的抗日战争中,八路军、新四军和华南抗日游击队共伤亡、被俘、失踪58万余人,东北义勇军和东北抗联伤亡33万余人。东北抗联师以上干部100余人战死疆场,其中军以上干部就有38人。在抗联进入最艰苦的时期,杨靖宇只身一人拼死战斗,直到最后壮烈殉国,真正做到了"宁愿站着死,不愿跪着生"。在血雨腥风的岁月里,为了民族解放,东北抗联万千将士抛头颅、洒热血,坚贞勇敢,前赴后继,付出了巨大的牺牲。他们的英雄事迹将与日月同辉,与天地常在!

三是克服困难、百折不挠的艰苦奋斗精神。东北抗联斗争的长期性、艰苦性、残酷性,人所共知。从长期性来看,东北抗战时间长达14年。从艰苦性来看,东北自然环境更加恶劣,生存更加困难。东北抗联的艰苦性还体现在长期与中共中央失去联系,这在中共党史上是少有的。从残酷性来看,东北抗联面对的敌人十分强大,日本关东军最多的人数达到76万人;日伪军在疯狂"讨伐"中,手段残忍,对东北抗联"围剿"时间长、频次多和强度大。1939年6月10日,毛泽东在延安党的高级干部会议作反对投降报告,指出:"满洲人民与军队的经验,大家知道了,中国军队不能消灭,这是肯定的"。毛泽东所指出的东北抗战的经验就是"中国军队不能被消灭"。刻苦耐劳、独当一面的东北抗日联军,体现了中国人民抗日斗争能够坚持、能够胜利的伟大民族精神。正是这种艰苦奋斗的精神,东北抗联才能在环境恶劣的条件下,顽强坚持了长达14年的艰苦斗争,与凶恶的日本侵略者血战到底。

四是休戚与共、团结战斗的国际主义精神。东北抗联与朝鲜爱国主义者和苏军的密切配合,便是国际主义精神的重要体现。由于东北抗联制定了正确的统一战线政策,一方面东北抗联指战员在抗日战争中十分重视与朝鲜革命军联合作战,中朝军民共同投身到抗击日本帝国主义的洪流中。另一方面,抗联同苏联红军协同作战,在抗日战争中相互支援、共同对敌。正是东北抗联的国际主义精神具有独特性,在中国共产党所有革命精神中,其特点是鲜明的,成效是显著的。

(二)弘扬东北抗联精神的现实意义

精神的富足与强大让一个民族永不颓废,不可战胜。毛泽东曾讲道:"人是要有一点精神的",这种"精神"是指革命精神、敬业精神、牺牲精神,是为人民服务的精神、为事业奉献的精神以及艰苦奋斗的精神,毛泽东的这一论断揭示出强大的精神力量是我们战胜一切困难,成就事业的前提。实践出真知,实践出精神。伟大的事业需要并产生伟大的精神,伟大的精神支撑和推动伟大的事业。习近平同志指出:"无数革命先烈用鲜血和生命换来的江山为我们创造美好生活奠定了坚实基础,他们留下的优良传统是永远激励我们前进的宝贵财富,任何时候都不能忘记,都不能丢掉"。不断凝练提升和永葆中国共产党革命精神,是我们党不断取得胜利、实现发展进步的重要经验。革命斗争环境中孕育形成的东北抗联精神,在中国革命崭新时期和开辟中国特色社会主义道路上具有示范性和先导性。今天,我们党面临着在新的历史起点上进行具有许多新的历史特点的伟大斗争,统筹推进"五位一体"的总体布局,协调推进"四个全面"战略布局,贯彻落实"创新、协调、绿色、开放、共享"五大发展理念,实现"两个一百年"的奋斗目标和中华民族伟大复兴的中国梦,需要进一步坚持和弘扬东北抗联精神。

第一,弘扬东北抗联精神,要坚持用思想理论武装头脑,坚定共产主义理想信念。历史从哪里开始,思想进程也应当从哪里开始。中国共产党革命精神的孕育、生成和丰富发展过程,与党的历史实践是完全一致的,与五四运动以后多难兴邦的民族复兴事业的进程是完全一致的,是马克思主义中国化在无产阶级政党精神风貌上的生动体现。正如习近平同志指出的,"坚定理想信念,坚守共产党人精神追求,始终是共产党人安身立命的根本。对马克思主义的信仰,对社会主义和共产主义的信念,是共产党人的政治灵魂,是共产党人经受住任何考验的精神支柱。"革命精神的核心要素之一"坚定的理想信念",就集中体现了马克思主义的立场、观点和方法。习近平同志一再强调,每个共产党员特别是领导干部,在任何情况下,"都要做到政治信仰不变、政治立场不移、政治方向不偏",共产党人"没有理想信念,就会导致精神上缺钙",就会得软骨病。习近平同志的讲话,指明了实现党员干部精神修炼的方向和途径,点出了精神力量之源。东北抗战时期革命先辈的英勇斗争事迹为新时期加强党员干部的党性修养、坚定理想信念教育提供了生动的教材。坚持思想理论武装是中国共产党人的传家宝,在任何时候都不能丢。对理想的坚定信仰和对党的忠诚是抗联战胜各种艰难险阻、克敌制胜的强大思想武器。抗联精神内涵丰富,既有忠于理想、勇于牺牲的理想信念,又有依靠人民、服务人民的服务意识,也有自力更生、艰苦奋斗的意志品格,还有谦虚谨慎、戒骄戒躁的优秀品质。在今天就是要坚定理想信念,补足精神之"钙",把好世界观这个"总开关",增强政治"免疫力",练就共产党人的钢筋铁骨,让共产党人信念中那盏指引自己前行的灯塔始终光芒四射;要坚持原则,敢于亮剑,在大是大非面前旗帜鲜明。抗联精神也是"两学一做"教育常态化的宝贵教材。要充分发掘抗联历史及其精神中蕴藏的党性教育价值,教育广大干部党员永葆共产党人政治本色,坚守共产党人精神家园,做到在党言党、在党忧党、在党为党、在党护党。在当前进行的"两学一做"常态化教育及共青团"一学一做"教育中,融入抗联精神教育,对于增强教育实效,对于切实改进工作作风、密切联系群众,具有十分重要的意义。新中国成立后60多年的艰辛探索,改革开放40年的宝贵经验证明:坚定不移走中国特色社会主义道路,就是我们党和国家兴旺发达的必然选择和必由之路,只有在复杂多变的国际局势和艰巨复杂的国内改革发展任务中,坚信只有中国特色社会主义才能发展中国,才能实现中华民族的伟大复兴,才能使我们党的事业立于不败之地。

第二,弘扬东北抗联精神,是激励龙江人民克服一切艰难险阻、为实现中国梦龙江篇章的强大精神动力。在波澜壮阔、生机勃勃的改革年代,抗联精神激励着中国共产党人和龙江人民开拓创新、走向富强。传承和弘扬好抗联精神,首先,共产党人要敢于责任担当,敢于攻坚克难。敢于责任担当体现的是对国家、民族和人民负责的使命和责任感,永葆共产党人的政治本色。艰难困苦,玉汝于成。在东北人民的14年抗日斗争中,"许多共产党人和许多爱国志士流尽了他们的鲜血,付出了他们的生命"。这些为国捐躯的民族英雄,受到了党和人民永远的怀念。共产党人杨靖宇、周保中、赵尚志、李兆麟、赵一曼、冯仲云等身先士卒、冲锋陷阵、舍生忘死抗击日伪军的实际行动,诠释了共产党人的责任担当。正如当时的一篇报纸社评中指出的:"今天南北战场上,是争着死,抢着死,因为大家有绝对的信仰,知道牺牲自己,是换取中华民族子子孙孙的独立自由,并且确有把握,一定达到。"

　　其次,弘扬抗联精神是实现龙江振兴发展的现实需要。"生于忧患,死于安乐",这是中华民族的古训。我们纪念抗战胜利,弘扬抗联精神,就是要"铭记历史、缅怀先烈、珍爱和平、开创未来。"这就要求我们要以史为鉴,居安思危,善于自我革新,勇于开拓进取,敢于迎接各种挑战,不断激发和强化抗联精神的时代内涵,不断夯实和增强中华民族伟大复兴的精神基础和精神动力。黑龙江省党的十二大闭幕后,2017 年 5 月 5 日,省委书记张庆伟率领省委班子来到东北抗联博物馆参观。张庆伟强调,黑龙江省正处在爬坡过坎的攻坚期、推进振兴发展的关键期,更加需要弘扬伟大的东北抗联精神,不断赋予其新的时代内涵,凝聚起决战决胜全面小康、推动全面振兴发展的强大精神动力。习近平总书记指出:"振兴东北老工业基地已到了滚石上山、爬坡过坎的关键阶段,各级党员干部要敢于担当、善于担当、体现担当"。具体到我们黑龙江,就是集中精力做好稳增长、促改革、调结构、惠民生工作,加快老工业基地振兴发展,建设富强文明幸福美丽龙江,实现全面建成小康社会目标。当前,由于长期积累的结构性、资源性、体制性矛盾集中凸显,黑龙江省经济面临较大下行压力。解决存在的深层次矛盾和问题,是我们必须承担的历史责任,绕不过,也躲不开,决不能把问题留给后人。按照习近平总书记在东北四省区座谈会的部署要求,"有矛盾有风险本身并不可怕,关键是有没有化解矛盾和排除风险的决心和办法。千难万难,只要重视就不难;大路小路,只有行动才有出路。"在改革开放进入攻坚期的今天就是要敢于涉险滩,闯关夺隘,打好全面深化改革攻坚战;敢于面对发展的一系列矛盾和挑战,直面前进道路上的困难和问题,在东北老工业基地面临改革攻坚期及产业转型的关键时期,敢打硬仗,有功成不必在我的境界,为党和人民奉献自己的力量。实现龙江的振兴发展,必须要大力弘扬东北抗联精神,增强持久的精神力量,培育不懈的创造活力。我们只有着力完善体制机制,着力推进结构调整,着力鼓励创新创业,着力保障和改善民生,不断增进经济发展的内生活力和动力;我们只有不畏艰苦、不惧挑战,一个难关一个难关攻克,一个问题一个问题解决,才能在闯关夺隘中趟出一条发展的新路来,为促进东北地区全面振兴、培育中国新的经济支撑带作出更大贡献,谱写好协调推进"四个全面"战略布局和中华民族伟大复兴中国梦的龙江篇章。

　　第三,弘扬东北抗联精神,是共产党人提升党性修养,保持革命情操涵养和浩然正气的品质的表现。抗联精神是中国革命精神史上的一座不朽丰碑。抗联精神,作为中国共产党人红色基因和精神族谱的重要组成部分,已经深深融入中华民族的血脉和灵魂。高尚情操和革命气节是共产党人的优良传统,是东北抗联将士优秀品质的生动体现。"东北抗日义勇军曾经在冰天雪地弹尽粮绝的条件下,前仆后继,奋战不息……这些辉煌的行动,已为我们民族留下了坚决勇敢的模范,指示出继续前进的道路"。东北抗联承担了常人难以想象的艰难困苦,甚至受到了严重挫折,但是,这也正是东北抗联贡献于国家民族的职责,正是东北抗联的光荣之所在。抗联精神就是传承"红色基因"教育的载体,它上承红船精神、井冈山精神、苏区精神、长征精神,孕育于中国革命的艰辛历程之中,彰显于中国共产党走向成熟之时,是对中国革命和实践反思之后的精神沉淀,继而又成为中国革命继续前行的精神引领,更不断延展、再生,成为后续中国革命精神新的组成部分。当前,科学深入地认识研究抗联精神的时代价值,必须把抗联精神的价值研究与抗联精神内在逻辑结构的研究结合起来,把学习中国革命史与学习马克思主义中国化的最新成果紧密结合起来,把弘扬民族精神与时代精神紧密结合起来,对东北抗战史和新时期抗联精神进行新的审视和凝练,从而形成新认识、得出新结论,更好地服务现实,坚守共产党人保持革命情操涵养和浩然正气的品质,用我们实际行动续写前辈震古烁今的动人故事,用时代的创造延展中华民族复兴的光辉篇章。

第四,弘扬东北抗联精神,是培育和弘扬社会主义核心价值观的宝贵精神财富。社会主义核心价值观是一个国家和民族长期发展和形成的思想道德、理想信念,体现在延绵不绝的传统文化中,融合于民族性格并渗透在国家意志中。社会主义核心价值观,是在继承人民革命传统给我们留下的精神遗产基础上提炼出来的。党的十八大以来,以习近平同志为总书记的党中央高度重视在全社会培育和践行社会主义核心价值观。习近平同志指出:"把培育和弘扬社会主义核心价值观作为凝魂聚气、强基固本的基础工程。""我们要弘扬社会主义核心价值观,弘扬以爱国主义为核心的民族精神和以改革创新为核心的时代精神,不断增强全党全国各族人民的精神力量。"培育和践行社会主义核心价值观,可以有效引领整合纷繁复杂的社会的思潮,有效避免利益格局调整可能带来的思想混乱,形成团结奋进的强大精神力量。习近平同志曾指出,"坚持和发扬党的光荣传统和优良作风,能够为培育和践行社会主义核心价值观提供丰厚营养,使社会主义核心价值观更加具有震撼人心、塑造灵魂的作用。"中国共产党革命精神所蕴含的精神要素,无论是在革命战争年代,还是在当下,都具有重要的教育引导和精神鼓舞作用。抗联精神是中国共产党人在东北14年抗日斗争中形成的具有超越时空的精神品质,其所蕴含的"遗传基因"与社会主义核心价值观具有相通性,是社会主义核心价值观的客观需求和内在动力。抗联精神是社会主义核心价值观的有力支撑,它同井冈山精神、长征精神、延安精神、西柏坡精神等,都是中华民族精神重要组成部分,具有超越时空的永恒的价值和意义,是激励全国各族人民奋勇前进的强大精神力量源泉。以抗联精神作支撑,把抗联精神融入"富强、民主、文明、和谐;自由、平等、公正、法治;爱国、敬业、诚信、友善"为主要内容的时代精神,更容易让社会主义核心价值观落地生根、开花结果,让社会主义核心价值观坚如磐石。因此,我们要高度重视从革命精神史的角度厚植社会主义核心价值观的历史根基。

弘扬东北抗战精神就是要把这样一种"生命的礼赞"进一步唱响唱好:弘扬它的"生命之流",展示东北抗战14年的艰辛历史过程;弘扬它的"生命之魂",展示东北抗战精神动力;弘扬它的"生命之源",展示东北抗战的客观条件;在这些基础上,再弘扬东北抗战和抗联精神的时代意义,展示它的"生命力之永存"。在1936年8月10日,毛泽东致函上海全国各界救国联合会领导人章乃器、陶行知、邹韬奋、沈钧儒并转救国会全体成员,在信中毛泽东对东北人民的抗日斗争作出了高度评价,并以此作为中国人民有能力抵御日本法西斯侵略的范例:"我们看到了东北义勇军能够长期英勇抗战,据敌报说,敌人损失了十余万生命与数万金钱。而且相当牵制了推迟了日本帝国主义对中国本部的进攻。他们虽然还没有最后战胜敌人,但他们对于全国民族已经有了极大的功劳和帮助。到今天没有一个人能说东北义勇军不能单独抗日的话"。正如毛泽东所强调的,东北人民抗日斗争的作用,绝不仅限于给日本侵略军造成的兵员伤亡和经济消耗,更在于它的战略意义和精神价值。抗联精神是抗联将士高尚精神与崇高品格的深刻反映,是抗联将士内化于心、外化于形的价值追求,是社会主义核心价值观的不竭思想和理论源泉。体现抗联精神的抗联遗址、纪念设施以及抗联英雄志士的事迹,是我们培育和弘扬社会主义核心价值观的宝贵物质精神财富。

"天地英雄气,千秋尚凛然。"铭记英雄、崇尚英雄、捍卫英雄、学习英雄、关爱英雄,应成为当今时代的和谐旋律、人人应尽的责任和义务。2018年9月,习近平总书记来东三省调研视察,强调要激发内生动力。弘扬抗战精神,传承英雄基因,我们就一定能激发内生动力，用历史的火炬照亮前行的道路，以更加饱满的热情和昂扬的精神，戮力同心，扎实工作，锐意进取，开拓创新，早日实现"两个一百年"奋斗目标和中华民族伟大复兴的中国梦。

东北抗日联军的历史，是一部英勇的艰苦卓绝的抗击外侮侵略的斗争史，是中国共产党领导的新民主主义革命历史不可分割的重要篇章。东北抗联坚贞不屈的斗争精神和所建立的伟绩表明它不愧为中国共产党领导的抗日军队，那些血洒疆场的抗日英雄不愧为中华民族的优秀儿女。他们是祖国的骄傲，是民族的脊梁，人民将永远怀念他们！

让我们共同铭记历史所启示的伟大真理：正义必胜！和平必胜！人民必胜！

主要参考文献

[1]刘颖:《东北抗联女兵》,黑龙江人民出版社 2015 年 8 月版。

[2]陈雷:《露营集》,黑龙江人民出版社 1988 年 10 月版。

[3]朱姝璇、岳思平编著:《东北抗日联军史》,解放军出版社 2014 年 1 月版。

[4]中共黑龙江省委党史研究室:《中共黑龙江历史 第一卷(1921~1949)》下册,中共党史出版社,2013 年版。

[5]王锦思:《图说抗联》,解放军文艺出版社 2013 年 1 月版。

[6]王晓辉:《东北抗日联军抗战纪实》,人民出版社 2005 年 8 月版。

[7]李惠:《东北抗日联军斗争史简编》,解放军出版社 1987 年版。

[8]《东北抗日联军斗争史》编写组:《东北抗日联军斗争史》,人民出版社 1991 年版。

[9]原军事学院图书馆军事资料室翻印:《东北抗日联军游击实录》,1960 年版。

[10]常好礼:《东北抗联各路军发展史略》,吉林大学出版社 1993 年版。

[11]周保中:《东北抗日游击日记》,人民出版社 1991 年版。

[12]朱秀海:《东北抗联征战纪实》,解放军文艺出版社 1995 年版。

[13]黑龙江省社会科学院地方党史研究所、东北烈士纪念馆:《东北抗日烈士传》,黑龙江人民出版社 1981 年版。

[14]刘文新:《东北抗日联军第五军》,黑龙江人民出版社 2005 年版。

[15]李涛:《战典7:东北抗日联军征战纪实》,作家出版社 2017 年 4 月版。

[16]冯仲云:《东北抗日联军十四年苦斗简史》,中央文献出版社 2015 年版。

[17]于春芳:《100 位为新中国成立作出突出贡献的英雄模范人物 八女投江》,吉林文史出版社 2011 年版。

[18]赵延民、姜靖榆:《惊天地泣鬼神的八女投江》,吉林人民出版社2011年版。

[19]徐云卿:《英雄的姐妹》,吉林人民出版社2005年版。

[20]于春芳:《八女颂》,中国文史出版社2008年版。

[21]徐文芳:《八女投江文史辑》,黑龙江省牡丹江市志办公室、林口县志办公室1986年印(内部文献)。

[22]中国人民政治协商会议黑龙江省委员会文史和学习委员会编:黑龙江文史资料(第四十辑)《抗日联军在黑龙江》,黑龙江人民出版社2009年版。

[23]于春芳:《八女投江史实考》,中国文史出版社2008年版。

[24]乔桦、于世军、吕品:《血色花季》,中国戏剧出版社2011年版。

[25]温野:《东北抗日联军"八女投江"事迹新探》(1963年3月26日),《黑龙江日报》第4版。

[26]徐文芳编著:《林口烈士》,中共林口县委史志办、林口县人民政府民政局内部刊印,1986年3月版。

[27]哈尔滨文史资料25辑《史海存真》。

[28]中共林口县委员会、县人民政府:《林口抗日烽火》,黑龙江朝鲜民族出版社1995年版。

[29]中国抗日战争军事史料丛书编审委员会:《中国抗日战争军事史料丛书 东北抗日联军·综述》,解放军出版社2015年版。

[30]张洪兴:《东北抗联精神》,白山出版社2010年版。

[31]《东北抗日联军史》编写组:《东北抗日联军史》(下册),中共党史出版社2015年版。

[32]国家图书馆中国记忆项目中心编:《我的抗联岁月:东北抗日联军战士口述史》,中信出版集团2016年版。

[33]常城、李鸿文、朱建华:《现代东北史》,黑龙江教育出版社1986年版。

[34]王晓辉:《中国革命战争纪实·抗日战争·东北抗日联军卷》,人民出版社2007年版。

[35]徐首军:《东北抗日联军的斗争》,黑龙江人民出版社1986年版。

[36]张正隆、姜宝才:《最后的抗联》,人民出版社2016年版。

[37]王鸿达:《冷云传奇》,辽宁少年儿童出版社2001年版。

[38]中共中央党史研究室第一研究部:《中华民族抗日战争史 1931—1945》,中共党史出版社2005年版。

[39]军事科学院军事历史研究部:《中国抗日战争史》上卷,解放军出版社1991年版。

[40]复旦大学历史系日本史组编译:《日本帝国主义对外侵略史料选编(1931—1945)》,上海人民出版社1983年版。

[41]王旸:《中国1931—1937动荡下的希望》,中共党史出版社2015年版。

[42]中国社科院近代史所:《日本侵华七十年史》,中国社会科学出版社1992年版。

[43]姜宝才:《抗联记忆》,白山出版社2015年版。

[44]王明伟:《东北抗战史》,长春出版社2016年版。

[45]赵亮、纪松:《从清华学子到抗联名将的传奇人生:冯仲云传》,中央文献出版社2008年版。

[46]张正隆:《雪冷血热》,长江文艺出版社2011年版。

[47]中共黑龙江省党史研究室:《东北抗联纪实》,黑龙江人民出版社2010年版。

[48]龚惠、马彦文:《东北抗日联军第四军》,黑龙江人民出版社2005年版。

[49]桦川县老区建设促进会:《桦川抗日英雄史篇——纪念中国人民抗日战争胜利70周年》,内部资料,2015年版。

[50]孔令波、王承礼:《东北抗日联军》(上、下),吉林人民出版社2005年版。

[51]中共牡丹江市委党史研究室:《牡丹江党史资料》(第一辑),黑龙江朝鲜民族出版社1995年版。

[52]中共黑龙江省委党史研究室:《黑龙江妇女的抗日斗争》,黑龙江人民出版社1990年版。

[53]中央档案馆、辽宁省档案馆、吉林省档案馆、黑龙江省档案馆:《东北地区革命历史文件汇集》,1987年内部印行。

[54]桦川县委党史研究室:《桦川县革命斗争史》,内部资料,2015年版。

后　记

73 年前,中国人民经过艰苦卓绝的浴血奋战,打败了穷凶极恶的日本军国主义侵略者,赢得了近代以来中国抗击外敌入侵的第一次完全胜利。这一伟大胜利,彻底粉碎了日本军国主义殖民奴役中国的图谋,洗刷了近代以来中国抗击外来侵略屡战屡败的民族耻辱;重新确立了我国在世界上的大国地位,中国人民赢得了世界爱好和平人民的尊敬;开辟了中华民族伟大复兴的光明前景,开启了古老中国凤凰涅槃、浴火重生的新征程。这一伟大胜利,也是中国人民为世界反法西斯战争胜利、维护世界和平作出的重大贡献。

73 年前,在民族危难的关头,中国共产党秉持民族大义,担负起民族救亡的历史重任,高举抗日民族统一战线的旗帜,制定和贯彻全面抗战路线,以正确的谋略和高超的斗争艺术成功地驾驭了当时的特殊形势,成为抗日战争的中流砥柱。大江南北、长城内外,无数抗战军民与鬼子血拼到底。在正面战场,中国军人枪炮对决,刺刀见血,拼至最后一兵一卒,流尽最后一滴鲜血,勇气和胆魄绝不输于日军。在敌后战场,老百姓使用最原始的武器甚至赤手空拳与鬼子搏命,视死如归,决不投降。日本侵略者陷入人民战争的汪洋大海。习近平总书记指出:"从那时起,大江南北,长城内外,全体中华儿女冒着敌人的炮火共赴国难,无论是正面战场,还是敌后战场,千千万万爱国将士浴血奋战、视死如归,各界民众万众一心、同仇敌忾,奏响了一曲气壮山河的抗击日本侵略的英雄凯歌,用生命和鲜血谱写了一首感天动地的反抗外来侵略的壮丽史诗。"习近平总书记强调:"在中国共产党号召和引领下,在全民族各种积极力量共同行动下,中华儿女同仇敌忾,视死如归,前仆后继,共御外敌。"

战争锻炼了伟大的人民,人民赢得了伟大的胜利。习近平总书记指出:"面对极其野蛮、极其残暴的日本侵略者,具有伟大爱国主义精神的中国人民没有屈服,而是凝聚起了同侵略者血战到底的空前斗志,坚定了抗日救国的必胜信念。"在波澜壮阔的全民族抗战中,全体中华儿女万众一心、众志成城,各党派、各民族、各阶级、各阶层、各团体同仇敌忾,共赴国难。长城内外,大江南北,到处燃起抗日的烽火。中国国民党和中国共产党领导的抗日军队,分别担负着正面战场和敌后战场的作战任务,赢得了共同抗击日本侵略者的胜利,使中国摆脱了半殖民地的屈辱地位,实现了民族独立并为实现人民解放创造了条件,从而成为解决近代以来中华民族求得民族独立和人民解放、实现国家繁荣富强和人民共同富裕两大历史任务的伟大开端,中华民族伟大复兴的伟大开端。习近平总书记指出:"中国人民抗日战争的伟大胜利,开辟了中华民族伟大复兴的光明前景。经历抗日战争锤炼的中国人民,更加坚定了对民族独立、自由、解放的追求。在这场波澜壮阔的民族解放战争中,中国人民进一步认识到:只有实现民族独立和人民解放,建立人民当家作主的新中国,才能真正实现民族振兴、人民幸福。中国共产党提出的改造旧中国、建设新中国的主张,代表了中国人民根本利益。在抗日战争胜利的基础上,中国共产党团结带领全国人民继续奋斗,建立了中华人民共和国,并进而确立了社会主义制度。在血与火的洗礼中,古老的中国凤凰涅槃、浴火重生,开启了中华民族伟大复兴新的历史征程。"

赵尚志将军是我从小就崇拜的英雄,他是东北抗联英烈的代表人物。在1940年他以"向之"为笔名创作了《不要耻笑我们破烂战袍》的歌词,歌词中"十年血战还要争取最后一朝",仍是鼓舞今天——新时代中国共产党人实现中华民族伟大复兴的力量之词,再现了东北14年艰苦抗战的图景。这篇歌词收录于《东北地区革命历史文件汇集》甲59册中,歌词中写道:

献身为抗日救国真荣耀,抵挡那胃口匪徒的残暴,纵然阵亡了无畏的英雄,十年血战还要争取最后的一朝。继我们而起的同志有不少,使阵线将更坚实的巩固着,就要把敌人的营垒冲坏了,十年血战还要争取最后的一朝。

新伤和旧痕愈多愈荣耀,鲜红的热血洒遍了荒郊,不愧使人钦仰的战士名号,十年血战还要争取最后的一朝。同伴的尸身堆起便成山岳,义愤填胸那有丝毫的动摇,炮烟弹雨考验办法真妙,十年血战还要争取最后的一朝。

凶残的敌人污遍了屠刀,斗争惨史永远不能抹掉,我们以身作则拼命号召,十年血战还要争取最后的一朝。冻饿困苦更使我革命活跃,敌人的内部已经腐烂糟糕,最后五分钟是战胜绝着,十年血战还要争取最后的一朝。

不要耻笑我们破烂战袍，不要轻视我们伤病残老，坚持的魄力值得人仿效，十年血战还要争取最后的一朝，眼前的安乐一刻我们也不要，装腔和作势半点我们也不学，保护民族是我们的功劳，十年血战还要争取最后的一朝。

分裂中伤是瓦解的祸苗，暗害破坏是奸细的毒药，叛徒贼子个个将他杀掉，十年血战还要争取最后的一朝。

携手一致革命者才是知交，用大家精诚的鲜血将旗染好，庆凯歌看红旗到处飘飘，十年血战还要争取最后的一朝。

阅读倾听抗战将士们的声音，在文字上感受英雄陨落的瞬间——是这本书写作的初衷。回忆战争是为了反对战争、制止战争，不忘过去是为了珍视和平、维护和平。付出了巨大民族牺牲的中国人民，将坚定不移捍卫用鲜血和生命写下的历史，保卫来之不易的和平。

2018年8月1日，在中国人民解放军建军91周年纪念日，中共黑龙江省委书记张庆伟到哈尔滨尚志市调研，他强调，要坚持以习近平新时代中国特色社会主义思想为指引，一以贯之贯彻落实习近平总书记在黑龙江省重要讲话精神，大力传承弘扬东北抗联精神，不忘初心、牢记使命，凝聚振兴发展强大精神力量，切实把经济发展好、把民生改善好、把家国建设好、让人民群众生活得更美好。

"不忘初心，牢记使命"是新时代中国共产党人的责任和使命。习近平总书记曾指出，实现我们的奋斗目标，需要英雄，需要英雄精神。我们要铭记一切为中华民族和中国人民作出贡献的英雄们，崇尚英雄，捍卫英雄，学习英雄，关爱英雄，勠力同心为实现中华民族伟大复兴的中国梦而努力奋斗！

"一代人有一代人的使命，一代人有一代人的担当。"作为一名武警森林部队转业军人、一名党史研究者，接过前辈的接力棒，深入研究好东北抗战史，弘扬好东北抗联精神是我辈之责任。这也是我内心要写作此书的初衷。

当本书最后一字落稿时，我如释重负，旋即诚惶诚恐。以自己粗浅的学识能否准确、全面、真实地再现东北抗日联军艰苦卓绝的光荣斗争历史和八位女战士的丰功伟绩，能否告慰与日寇殊死拼杀、以身殉国的东北抗联将士及抗联八位女战士等英烈们的英灵，尚待验证。自然，书中定有许多纰漏之处，敬请读者朋友们批评指正。

需要特别指出的是，在撰写本书的过程中，本人积极借鉴和吸收了一些研究

"八女投江"历史学者的观点、思路与部分章节等内容,主要是温野、徐云卿、于春芳、徐文芳、赵海龙等先生们的著作,其他参阅情况详见于本书附录的参考书目。

本书在写作的过程中以历史时间发生顺序为线索,展开了历史史实的叙述。为了带领读者还原于历史"本真",本书在梳理历史学界考证中,收录了亲历者的回忆录、口述史及历史学工作者的考证文章,并将这些同志的有关简历以不同形式介绍给读者。

本书的部分图片来自网络和相关资料的电子扫描图片。部分图片没有标明出处,在此对原作者表示深深的谢意。

由于有关于历史考证的回忆录和口述史的应用,部分当事人的回忆情节有的细节之处不尽相同,对此,本书对口述史的应用也作了说明。考证结果以现今公认的结论为主,也希望读者提供历史线索,相关问题也待于进一步考证。

本书能在抗联八位女战士殉国 80 周年之际出版发行,还要得益于许多领导与同志的倾力相助:

中国共产党中央党史和文献研究院、中共黑龙江省委党史研究室、中共牡丹江市委、中共哈尔滨市委党史研究室等单位的领导在本书的创作期间给予了关注。

黑龙江省东北抗日联军历史文化研究会、中共黑龙江省委党校的同事们对于本书撰写予以有力指导;

黑龙江省政协原副主席、东北抗联老战士李敏奶奶和抗联后代刘颖阿姨、黑龙江省政协李江同志及黑龙江省社科院历史所车霁虹研究员为本书提供了丰富资料与学术意见;

我的导师、黑龙江大学马克思主义学院中共党史系王凤贤教授,辽宁师范大学中共党史系史艺军教授也对本书的撰写方法提供了学术指导;

牡丹江师范学院党委书记王育伟、校长梁中贤、副校长杨敬民及校办公室等领导及部门为我提供了良好的学术研究平台,在此我表示诚挚的谢意。

本书的撰写得到了本人单位——中共黑龙江省委党校(黑龙江省行政学院)常务副校(院)长沙广华、副校(院)长韩辉、副校(院)长韩健鹏、副校(院)长周英东、副校(院)长商小帆及组织人事处、科研处、党史党建教研部、马克思主义学院、图书馆等领导及部门的大力支持。

我的师弟刘迪帮我做了大量的后期书稿校对工作。

从事抗联史研究的学界"好哥们",抗联学者史义军、军旅作家姜宝才、民间学者侯昕大哥、黑龙江大学田雷博士和吉林省委党校侯震博士、辽宁省本溪东北抗联史实陈列馆周浩、黑龙江兴隆林业局旅游局张旭升、萝北县戴福军老师在本书写作期间,给予我很多的鼓励。

在此,我向以上各位领导与同事一并表示诚挚的感谢!谢谢你们多年来对我从事东北抗联史和中国共产党革命精神理论研究所给予的支持和帮助。

本书还是我主持的 2015 年度黑龙江省哲学社会科学青年项目:"中共满洲省委在东北抗战中的作用及历史贡献研究"(15JDC01)阶段性研究成果;2015 年度黑龙江省委党校(院)年度重点项目:"东北抗联在全国抗战中的作用与抗联精神研究"(2015DB01)阶段性研究成果;2017 年度黑龙江省委党校(院)年度重点项目:"以东北抗联精神凝聚龙江全面振兴发展强大动力研究"(2017B05)阶段性研究成果;2018 年度黑龙江省哲学社会科学专项项目"东北人民抗战的历史功绩研究"(项目号:18ZSD425)阶段性研究成果;此书还是 2015 年度国家社会科学基金项目"中国妇女在抗战中的重大贡献研究"(批准号:15BDJ042)阶段性研究成果。

谨以此书献给在天堂中的李敏奶奶,曾在 2018 年 1 月份,就"八女投江"一事采访过李敏奶奶,奶奶为此讲述了她与陈雷爷爷调研走访八女牺牲地之事;此书还献给生我养我的这片黑土地,献给今天在这片黑土地上奋斗的人们!

在白山黑水间,真正的英雄具有深深的悲剧意味,播种,却不参加收获。我们不应该忘记英雄先烈的名字,我们更应该秉承他们的革命意志和伟大精神。"靡不有初,鲜克有终",实现中华民族伟大复兴,需要一代又一代人为之努力。愿我们以英雄的事迹彼此共勉,做起新时代民族复兴挺直的脊梁。

东北人民在抗日战争中建立的丰功伟绩,永载史册!

东北抗联英烈们永垂不朽!

东北抗联八位女战士永垂不朽!

愿你们魂兮归来,天佑中华!

作者于哈尔滨学府路家中

2018 年 7 月